연애력
사다리 4단계

초등국어
독해력
사다리 4단계

지은이 고윤경
펴낸이 정규도
펴낸곳 (주)다락원

초판 1쇄 발행 2019년 5월 25일

책임편집 허윤영, 장의연
디자인 김나경
전산편집 최영란
일러스트 및 사진 박주영/shutterstock.com

다락원 경기도 파주시 문발로 211
내용문의 (02) 736-2031 내선 524
구입문의 (02) 736-2031 내선 250~252
Fax (02) 732-2037
출판 등록 1977년 9월 16일 제406-2008-000007호

Copyright ⓒ 2019, 고윤경

값 12,000원
ISBN 978-89-277-0098-2 64710
       978-89-277-0094-4 (세트)

http://www.darakwon.co.kr
다락원 홈페이지를 방문하시면 상세한 출판정보와 함께 다양한 혜택을 얻으실 수 있습니다.

초등국어
독해력
사다리 ④단계

고윤경 지음

다락원

"글을 어떻게 읽어야 할까?"

어릴 때는 책 읽기를 재미있어 해도 3학년쯤 되면 차츰 독서를 멀리하는 친구들이 많습니다. 책 대신 게임과 같은 다른 즐길 거리가 생기고, 학교 숙제나 학원 수업 때문에 여유 시간이 없는 등 여러 이유가 있지요. 게다가 학년이 올라갈수록 교과서나 추천 도서의 글이 길어지고 내용도 어려워지면서 책 한 권을 읽는 데 이전보다 더 많은 시간이 걸리게 됩니다. 이 때문에 독서 습관을 계속 유지하는 친구들과 그렇지 않은 친구들이 갈리게 되고, 독해 능력에서도 차이가 나기 시작합니다.

〈초등국어 독해력 사다리 3, 4단계〉를 집필하기 위해, 학생들이 초등학교 중학년이 되어 독서할 때 겪는 어려움이 어디에서 비롯되는지부터 고민하였습니다. 글의 양이 늘어나고 다루는 정보가 어려워지는 이유도 있겠지만, 무엇보다 갖고 있는 어휘와 배경지식이 충분하지 못한 것도 독해에 어려움을 낳습니다. 그래서 이 책은 교육과정과 교과서를 분석하여 학생들이 알아야 할 어휘와 배경지식을 선별하였고, 이를 지문으로 구성하여 독해 능력을 향상시킬 수 있도록 했습니다. 무엇보다 학생들은 재미가 없으면 잘 읽으려고 하지 않기 때문에 학생들이 일상생활에서 겪는 일, 학교에서 접하게 되는 일, 그리고 최근 사회적으로 관심을 끄는 내용을 글감으로 골라 지문을 썼습니다. 따라서 학생들은 흥미로운 글을 읽으면서 독해 기술을 차근차근 익히게 될 것입니다.

100 +

과학기술이 발전하면 인공지능이 어려운 두뇌 활동을 대신하기 때문에, 책을 읽거나 지식을 쌓을 필요가 없다고 생각하는 친구가 있을지도 모릅니다. 하지만 이것은 큰 착각입니다. 로봇이나 인공지능과 구별되는 인간의 능력이 바로 '질문하는 힘'과 '사랑하는 마음'이라고 합니다. 하나의 글을 읽고 꼬리에 꼬리는 무는 질문을 하는 것이 바로 창의력의 원천이 되며 이것이 새로운 미래를 만들어 가는 힘이 됩니다. 아울러 사회가 발전할수록 다른 사람을 배려하고 다른 사람의 생각에 공감하는 마음이 더욱 중요해집니다. 〈초등 국어 독해력 사다리〉는 학생들이 지문을 읽으면서 창의력과 공감 능력을 자연스럽게 기를 수 있도록 구성하고자 노력했습니다.

　　책을 집필하기 시작하여 마칠 때까지 예상보다 많은 시간이 걸렸습니다. 독해 기술에 맞는 지문을 고르고 가다듬는 작업을 꼼꼼하고 세심하게 진행해 준 다락원의 허윤영 차장님께 감사를 표합니다. 아무쪼록 이 책이 학생들에게 깊이 있는 독서로 나아가기 위한 기초를 닦는 디딤돌이 되었으면 좋겠습니다.

2019년 5월
고윤경

★ 어떻게 읽을까

책을 펼치면 먼저 '어떻게 읽을까' 코너가 나옵니다. 글의 내용을 제대로 이해하기 위해서 어떻게 읽어야 하는지 방법을 보여 주는 코너로, 꼭 알아야 하는 9개의 독해 기술을 선정해서 쉬운 연습문제를 풀며 익힐 수 있게 구성하였습니다.

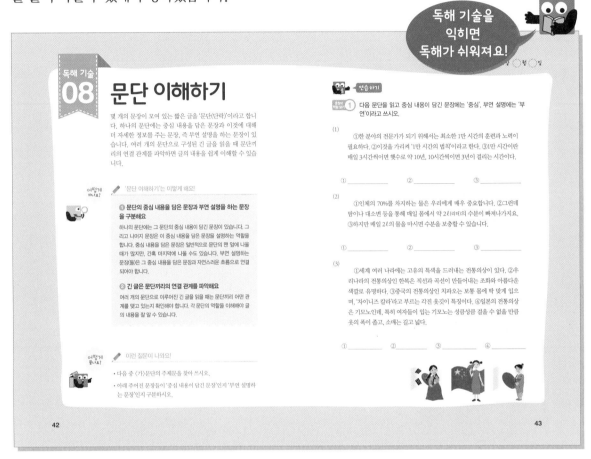

이렇게 공부하세요

독해력이 있다는 것은 '다양한 독해 기술을 활용해 글의 내용을 이해한다'는 뜻입니다. 〈초등국어 독해력 사다리〉 4단계에서는 초등학교 3, 4학년생들이 꼭 갖추어야 할 국어 독해 기술을 쉽게 정리하였습니다. 먼저 독해 기술을 소개하는 글을 읽고, 독해 기술을 효과적으로 키우는 방법을 정리한 설명을 소리 내어 읽으세요. 학습하는 독해 기술을 묻는 질문의 예도 꼭 읽어 보세요.

독해 기술을 설명하는 페이지 옆에는 배운 독해 기술을 연습할 수 있는 연습문제가 있습니다. 문제를 풀면서 공부한 내용을 내 것으로 만들어 보세요.

배운 독해기술은
꼭 연습하세요!

실전! 독해 테스트

[1-2] 글을 읽고 문제를 풀어 보시오.

추운 겨울이 되어 기온이 영하로 떨어지면 우리는 하늘에서 내리는 눈을 볼 수 있습니다. 날씨가 따뜻하고 바람이 불지 않을 때 펑펑 내리는 함박눈, 비와 함께 내리는 진눈깨비, 춥고 바람이 세게 부는 날 내리는 가루눈 등 눈에는 여러 종류가 있습니다. 그런데 눈은 왜 내리는 걸까요?

땅의 물방울들은 수증기가 되어 하늘로 올라가 구름이 됩니다. 구름에 계속 물방울이 모이다가 무거워지면 땅으로 다시 떨어지는데, 날씨가 따뜻해서 기온이 영상이 되면 비가 되어 내립니다. 온도가 낮고 추우면 구름에 모인 물방울은 얼음 알갱이가 되고, 더 많은 수증기가 달라붙으면서 이 얼음 알갱이가 점점 커집니다. 그러다가 이러한 얼음 알갱이들이 구름 안에 계속 있을 수 없을 정도로 무거워졌을 때 날씨가 추워져 기온이 영하가 되면 서로 엉겨 붙어 눈송이가 되어 땅에 떨어집니다.

1 이 글에서는 주로 어떤 내용을 다루고 있는가?

① 눈의 종류   ② 눈이 내리는 날씨
③ 눈이 내리는 과정   ④ 구름의 형성

2 어떻게 해서 눈이 내리는지에 관한 설명을 완성하시오

물방울들이 하늘로 올라가 ☐☐ 이 만들어짐 → 온도가 낮고

추우면 ☐☐ 속 물방울들이 ☐☐ 알갱이가 됨 →

구름이 무거워지고, 날씨가 추워져 기온이 ☐☐ 가 되면 알갱

이들이 서로 엉겨 붙어 눈송이가 되어 땅에 떨어짐

48

[3-5] 글을 읽고 문제를 풀어 보시오.

대동여지도는 1861년 조선 시대의 지리학자인 김정호가 완성한 지도입니다.

원본은 종이에 그린 것이 아니라 목판으로 되어 있습니다. 거대한 지도를 일일이 손으로 베껴 그리기 어려우므로 쉽게 지도를 찍을 수 있게 김정호는 처음부터 목판에 새겼는데, 총 22개의 목판이 제작되었다고 합니다. 전체 지도의 크기가 어마어마해서 22개의 목판을 제대로 펼쳐 놓으면 다 합쳐서 가로는 약 4m, 세로는 7m나 됩니다.

대동여지도를 보면 현대에 인공위성으로 찍은 사진과 비교해도 크게 다르지 않을 만큼 정확하게 우리나라의 산맥, 강, 마을 등이 표시되어 있습니다. ㉠이렇게 만들기 위해 김정호가 온 나라를 구석구석 걸어 다니고 백두산을 일곱 번이나 다녀왔다는 말도 전해지지만, 실제로 ㉡그랬는지는 알 수 없습니다. 당시 함께 지도 만들기에 참여한 동료들의 글에서 추측하면 김정호는 그 당시에 발간된 여러 우수한 지도를 모아서 비교하며 대동여지도를 만들었던 것으로 보입니다.

· 목판: 종이에 찍기 위해 나무에 글자나 그림을 새긴 인쇄판

3 글의 밑줄 친 ㉠이렇게와 ㉡그랬는지가 가리키는 것을 찾아 쓰시오.

㉠ 이렇게 :

되게

㉡ 그랬는지 :

49

활용 TIP

1 매일매일 독해 기술을 하나씩 공부하고, 공부한 날짜를 기록하세요

공부는 매일, 꾸준히 하는 것이 가장 중요합니다. 매일 공부하는 습관을 들이기 위해서는 잊지 말고 하루에 하나씩 독해 기술을 공부합시다.

2 틀린 문제는 왜 틀렸는지 생각하고, 다시 풀어 보세요

몇 개를 틀렸는지가 중요한 것이 아니라 '왜 틀렸는지'를 아는 것이 중요합니다. 틀린 문제의 답을 확인만 하고 넘어가지 말고, 왜 틀렸는지 생각해 본 다음 '정답과 해설'에서 자세한 문제풀이를 읽으면서 모르는 내용을 확실하게 다져야 합니다.

3 '실전! 독해 테스트'에서 실력을 확인해 보세요

자신의 독해 실력을 평가할 수 있는 테스트입니다. 20분이나 30분 이내 등 스스로 목표 시간을 정해서 풀어 봅시다.

★ 무엇을 읽을까

총 6과로 나누어 주제별 읽기를 합니다. 교과서를 바탕으로 초등학생들이 꼭 알아야 하는 내용을 선별하여 재미있게 지문을 구성하였습니다. '어떻게 읽을까'에서 배운 독해 기술을 활용해 실전 시험처럼 독해 활동을 해 보세요.

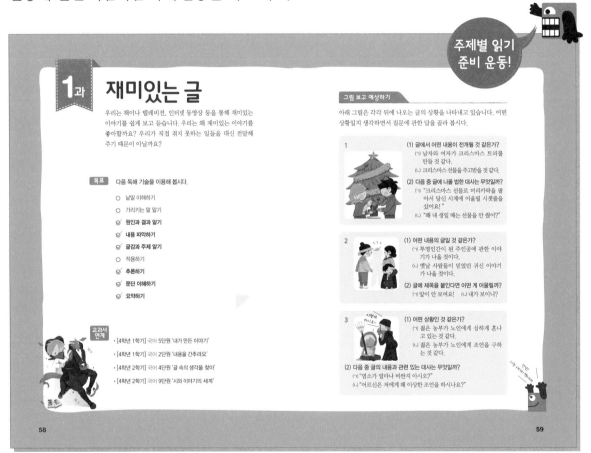

'무엇을 읽을까'에서는 꼭 배워야 할 지식과 정보가 담긴 글, 그리고 읽기가 즐거워지는 글을 여섯 개의 주제로 묶어서 제시합니다. 실제 교과서와 연계된 흥미로운 지문을 읽으면서 앞으로 배울 내용을 예습하거나 이미 배운 내용을 복습할 수 있습니다.

특히 '어떻게 읽을까'에서 공부한 독해 기술을 제대로 활용할 수 있는지, 지문을 읽고 문제를 풀면서 스스로 확인할 수 있습니다.

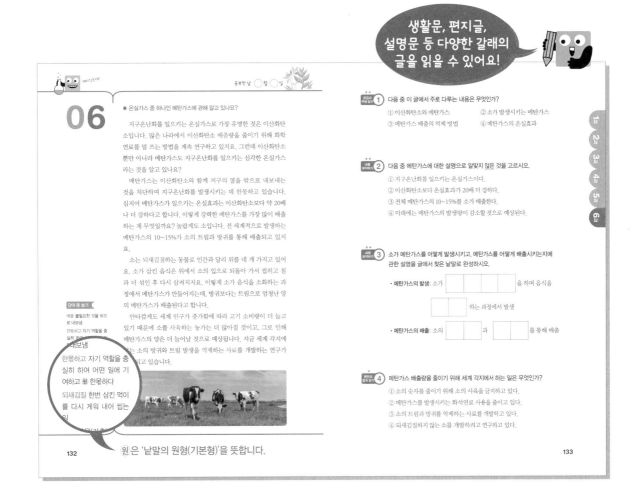

활용 TIP

1 모든 과의 시작 페이지를 꼼꼼히 읽고, 앞으로 읽을 내용을 예상해 보세요

어떤 지문을 읽게 될지 예상해 보세요. 본격적으로 읽기 시작하기 전에 몸풀기로 '배경지식 확인하기'나 '그림 보고 예상하기' 등의 활동도 꼭 풀어 보세요.

2 지문을 처음 읽을 때는 빨리, 다시 읽을 때는 꼼꼼히 읽으세요

천천히 한 번 읽는 것보다 처음 읽을 때 빨리 읽고 전체적인 내용을 파악하는 것이 좋습니다. 그런 다음 조금 시간을 두고 꼼꼼하게 지문을 다시 한번 읽어 보세요.

3 하루에 지문 하나씩 읽고, 어떤 문제를 틀렸는지도 꼭 확인하세요

매일 공부하고, 공부한 날짜를 적으세요. 답을 맞추어 본 후에는 어떤 유형의 문제를 틀렸는지 꼭 확인하세요. 문제 위에 있는 별표는 문제가 얼마나 어려운지를 나타냅니다. 개수가 하나인 것은 안 틀리면 좋겠죠?

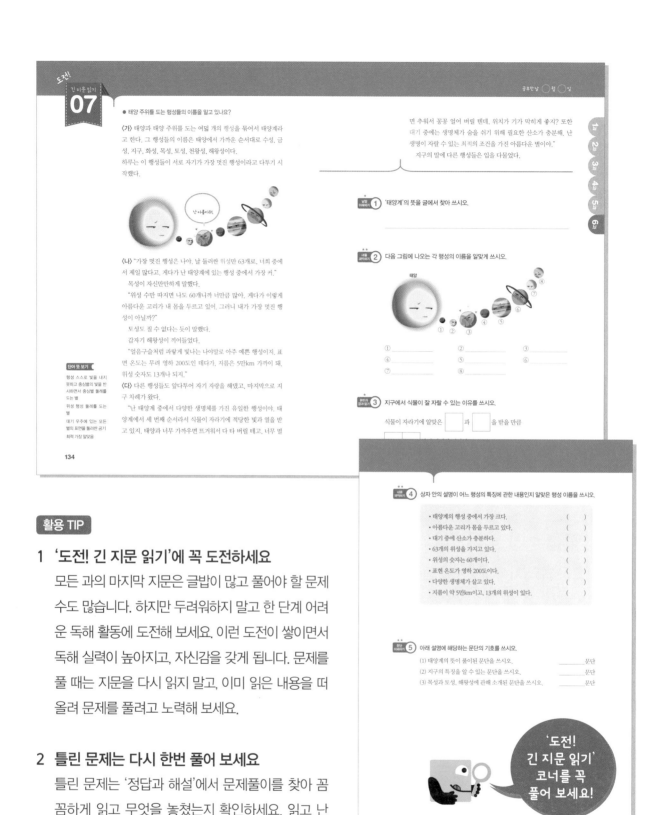

활용 TIP

1 '도전! 긴 지문 읽기'에 꼭 도전하세요

모든 과의 마지막 지문은 글밥이 많고 풀어야 할 문제 수도 많습니다. 하지만 두려워하지 말고 한 단계 어려운 독해 활동에 도전해 보세요. 이런 도전이 쌓이면서 독해 실력이 높아지고, 자신감을 갖게 됩니다. 문제를 풀 때는 지문을 다시 읽지 말고, 이미 읽은 내용을 떠올려 문제를 풀려고 노력해 보세요.

2 틀린 문제는 다시 한번 풀어 보세요

틀린 문제는 '정답과 해설'에서 문제풀이를 찾아 꼼꼼하게 읽고 무엇을 놓쳤는지 확인하세요. 읽고 난 다음에는 다시 한번 풀어 봅시다.

'도전!
긴 지문 읽기'
코너를 꼭
풀어 보세요!

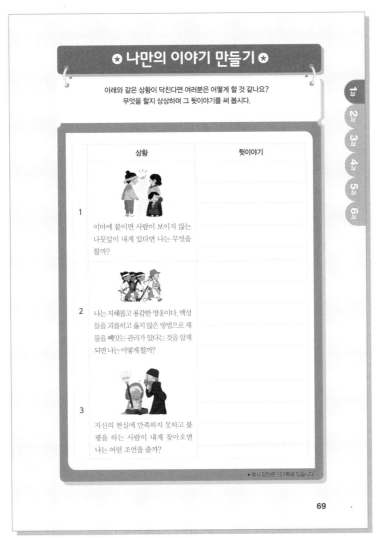

✪ 나만의 이야기 만들기 ✪

아래와 같은 상황이 닥친다면 여러분은 어떻게 할 것 같나요?
무엇을 할지 상상하며 그 뒷이야기를 써 봅시다.

상황	뒷이야기
1 이마에 붙이면 사람이 보이지 않는 나뭇잎이 내게 있다면 나는 무엇을 할까?	
2 나는 지혜롭고 용감한 영웅이다. 백성들을 괴롭히고 옳지 않은 방법으로 재물을 빼앗는 관리가 있다는 것을 알게 되면 나는 어떻게 할까?	
3 자신의 현실에 만족하지 못하고 불평을 하는 사람이 내게 찾아오면 나는 어떤 조언을 줄까?	

● 예시 답안은 151쪽에 있습니다.

69

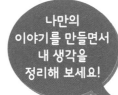
나만의 이야기를 만들면서 내 생각을 정리해 보세요!

활용 TIP

1 내 생각을 정리해서 나만의 이야기를 써 보세요

'나만의 이야기 만들기' 코너가 각 과의 마지막을 장식합니다. 공부한 과의 주제나 지문 내용과 관련해서 자기 생각을 글로 쓰거나 그림으로 표현하고, 책이나 인터넷에서 정보를 찾아 쓰는 활동을 합니다. 이 활동을 통해 글짓기 실력이 자라고, 자기 생각을 조리 있게 표현할 수 있게 되며, 창의적인 콘텐츠를 만들어내는 토대를 다질 수 있습니다.

정해진 답은 없으니 나만의 이야기, 나만의 콘텐츠 만들기에 도전해 보세요!

목차

어떻게 읽을까

무엇을 읽을까

1과 재미있는 글

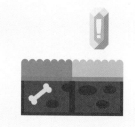

어떻게 읽을까

독해 기술

낱말 이해하기

낱말이 모여서 우리가 읽는 '글'이 됩니다. 그래서 낱말을 많이 알면 글의 내용을 쉽게 이해할 수 있습니다. 글을 읽다가 모르는 낱말이 나와도 문맥(이어진 문장이 나타내는 중심 의미나 논리적인 연관 관계)에 따라 낱말 뜻을 짐작할 수 있을 때가 많습니다.

어떻게
하나요?

✎ '낱말 이해하기'는 이렇게 해요!

❶ 앞뒤 문장을 잘 살펴보세요

처음 보는 낱말 또는 뜻이 애매한 낱말이 나오면 그 낱말의 앞뒤 문장을 우선 살펴봅시다. 낱말의 앞뒤로 그 뜻을 풀어서 설명해 주거나 추측할 수 있는 내용이 나오는 경우가 많습니다.

❷ 뜻이 비슷한 낱말, 반대말이 있는지 확인하세요

글을 쓸 때 글이 지루해지지 않도록 같은 낱말을 반복해서 쓰는 대신 뜻이 같거나 비슷한 낱말을 사용할 때가 많습니다. 때로는 A라는 낱말의 반대말을 써서 내용을 대비시켜 A 낱말의 뜻을 더욱 확실하게 드러내기도 합니다.

어떻게
묻나요?

 이런 질문이 나와요!

• 글의 밑줄 친 ㉠발령의 뜻을 글에서 찾아 빈칸에 쓰시오.

• 글의 밑줄 친 감소했다와 바꿔 쓸 수 있는 말은 다음 중 무엇인가?

• '하나하나 낱낱이'란 뜻을 나타내는 말로 사용된 단어를 글에서 찾아 쓰시오.

 1 글을 읽고 질문에 답하시오.

'돌다리도 두들겨 보고 건너라'라는 말을 들어 본 적 있나요? 이런 표현을 속담이라고 합니다. ㉠속담은 사람들에게 전하고 싶은 교훈을 다른 것에 빗대어서 표현하는 말입니다. 어떻게 빗대어 표현하냐고요?

'돌다리도 두들겨 보고 건너라'라는 속담을 생각해 봅시다. 무슨 뜻일까요? 돌로 만든 다리는 튼튼하고 잘 무너지지 않습니다. 그런데도 두들겨 본 다음 건너라고 한다면, 한 번 더 확인하라는 뜻임을 추측할 수 있습니다.

모르는 속담을 들었을 때 당황하지 마세요. 속담의 내용을 머리에 그리면서 그 속의 의미를 생각해 보면 속담에 담긴 교훈을 ㉡미루어 짐작할 수 있습니다.

(1) 밑줄 친 ㉠속담의 뜻을 찾아 쓰시오.

㉠ 속담: 전하고 싶은 _____ 말

(2) 밑줄 친 ㉡미루어 짐작할에서 '미루어 짐작하다'와 같은 뜻의 낱말을 글에서 찾아 써 보시오.

_____ 하다

 2 글의 밑줄 친 표현들이 **공통으로** 어떤 낱말의 뜻을 드러내는지, 해당하는 낱말을 글에서 골라 쓰시오.

옛날부터 세계 여러 문화권에서는 여우를 교활한 동물이라고 생각했습니다. 중국과 한국에는 구미호 이야기가 전해지는데, 구미호는 수천 년을 살면서 인간의 모습으로 변신해 사람들을 속이고 잡아먹는 아홉 개 꼬리 달린 여우입니다. 서양에서도 〈이솝 이야기〉 등에서 여우는 자기 목적을 이루기 위해서 나쁜 꾀를 많이 내는 동물로 그려지곤 합니다. 여우의 꾀에 낚여서 속은 순진한 까마귀나 고양이의 모습을 〈이솝 이야기〉에서 찾아볼 수 있지요.

가리키는 말 알기

가리키는 말이란 앞에서 말한 어떤 낱말이나 내용을 다시 말할 때 대신 쓰는 말입니다. 가리키는 말이 무엇을 가리키는지 정확히 파악해야 글을 정확히 이해할 수 있습니다.

어떻게
하나요?

 '가리키는 말 알기'는 이렇게 해요!

❶ 가리키는 말의 성격을 정확히 파악하세요

보통 앞에 나온 사람이나 사건, 사물, 정보 등을 다시 뒤에서 이야기할 때 '이', '그', '저' 등으로 시작하는 가리키는 말을 사용합니다. 가리키는 말의 성격, 즉 가리키는 것이 사람인지 장소나 시간인지 등을 정확하게 가려내야 가리키는 대상을 올바르게 찾아낼 수 있습니다.

❷ 가리키는 말의 앞뒤 내용을 확인하세요

가리키는 말은 대부분 앞에 나온 낱말이나 내용을 나타냅니다. 그러므로 바로 앞 문장이나 앞에 나온 내용을 꼼꼼하게 확인하세요. 그런데 가리키는 말이 나타내는 낱말(내용)이 뒤에 나올 때도 드물게 있습니다. 그러므로 가리키는 말의 앞뒤 내용을 모두 확인하는 것이 좋습니다. 가리키는 말 대신 어떤 낱말 또는 내용을 넣어서 글이 자연스럽게 연결되는지 확인하세요.

어떻게
묻나요?

 이런 질문이 나와요!

• 글의 밑줄 친 '이것'이 가리키는 것을 글에서 찾아 쓰시오.

• 글의 밑줄 친 ㉠나와 ㉡나는 각각 누구를 가리키는지 알맞게 선으로 연결하시오.

• 글의 밑줄 친 '그 사실'이 가리키는 것이 무엇인지 쓰시오.

 **연습하기**

알맞은 대상 찾기 **1** 밑줄 친 부분이 각각 무엇을 가리키는지 쓰시오.

(1) 전 세계의 많은 학자는 공룡이 멸종한 원인을 알아내려고 연구하고 있다. 그러나 아직 그것을 정확하게 파악하지는 못했다.

• 그것: _____

(2) "여보세요! 은우야, ①너 혹시 민석이랑 같이 있니?" "민석이? 민석이 수업 끝나고 바로 가던데, 왜?" "아, ②걔랑 3시에 도서관 앞에서 만나기로 했는데 아직도 안 왔거든. 민석이가 핸드폰을 안 받아서 혹시 ③너랑 같이 있나 싶어서 전화한 거야."

① 너: _____   ② 걔: _____

③ 너: _____

가리키는 대상 찾기 **2** 글의 밑줄 친 ㉠과 ㉡이 각각 가리키는 내용을 찾아 빈칸에 쓰시오.

　　사람들이 찾지 않아 풀과 나무만 무성하던 로열 섬. 겨울이 되어 이 섬과 육지를 잇는 얼음 다리가 생기자 사슴 한 무리가 찾아 들었다. 풀이 무성해 먹을 것은 많은데 사슴을 잡아먹는 천적이 없어서 사슴 수는 급격하게 늘어났고, 섬에는 풀이 사라져 갔다.

　　어느 해 겨울, 또다시 혹독한 추위가 찾아와 섬과 육지 사이에 얼음 다리가 생겼다. 이번에는 ㉠그 다리를 통해 늑대들이 건너왔다. 그리고는 사슴을 잡아 먹기 시작했다. 늑대 때문에 풀을 뜯어 먹는 사슴의 수가 줄자 이번에는 다시 풀이 무성해지기 시작했다. ㉡그 이후에 섬에서는 식물, 사슴, 늑대가 적당한 수로 균형을 이루며 살아가게 되었다.

· 무성해 풀이나 나무 따위가 자라서 우거져 있어 웬 무성하다

• ㉠그 다리: _____

• ㉡그 이후: _____ 이후

원인과 결과 알기

어떤 일을 일어나게 한 원인(까닭)과 그로 인해 나타난 결과를 짝지을 줄 알아야 글을 제대로 이해할 수 있습니다. 한 가지 원인에 한 가지 결과가 나타날 수도 있고 여러 개의 결과가 나타날 수도 있습니다. 마찬가지로 하나의 결과에 여러 개의 원인이 있을 수 있습니다.

어떻게
하나요?

'원인과 결과 알기'는 이렇게 해요!

❶ 원인과 결과를 나타내는 문장을 찾으세요

원인을 나타내는 문장은 '(왜냐하면) ~하기 때문이다' 형태일 때가 많습니다. 문장 형태가 '~해서/하자 …했다'라면 '~해서/하자'는 원인을, '…했다'는 그에 따른 결과를 나타냅니다.

❷ 원인과 결과를 구분해서 읽으세요

원인과 결과를 파악하기 위해서는 원인에 해당하는 부분과 결과에 해당하는 부분을 제대로 구분해야 합니다. 각 부분에 원인인지 결과인지 표시하면서 글을 읽어 봅시다.

❸ 원인과 결과를 알맞게 짝지어 보세요

어떤 결과를 일으키는 원인이 하나일 수도, 여러 개일 수도 있습니다. 또 하나의 원인으로 여러 가지 결과가 발생할 수도 있습니다. 원인과 그 결과를 알맞게 짝지어 가며 꼼꼼하게 글을 읽어 봅시다.

어떻게
묻나요?

 이런 질문이 나와요!

• 그가 아프리카 수단으로 떠난 이유는 무엇인가?

• 다음 중 물이 끓는 원인을 알맞게 설명한 것은 무엇인가?

• 임금님은 왜 마술사에게 마법을 걸어 달라고 했는가?

• 글을 읽고, 원인과 결과를 각각 알맞게 짝지어 선으로 이어 보시오.

 연습하기

원인과 결과 구분하기 1 다음 문장에서 '원인'과 '결과'를 구분해서 쓰시오.

(1) 어제 잠을 잘 자지 못해서 오늘 수업시간 내내 졸았다.

- 원인: _____

- 결과: _____

(2) 오늘은 모처럼 햇볕이 좋고 바람이 많이 불어서 널어놓은 빨래가 잘 말랐다.

- 원인: _____

- 결과: _____

(3) 나는 엄마보다 아빠와 노는 것을 더 좋아한다. 왜냐하면 아빠와는 축구나 게임을 같이 할 수 있기 때문이다.

- 원인: _____

- 결과: _____

(4) 바다에 버려지는 쓰레기양이 엄청나기 때문에 태평양에는 쓰레기 섬이 생겼다.

- 원인: _____

- 결과: _____

(5) 함박눈은 그 안에 습기가 많아 잘 뭉쳐지므로 눈사람을 만들거나 눈싸움을 할 때 눈 뭉치를 만들기 쉽다.

- 원인: _____

- 결과: _____

사막여우의 귀가 큰 이유를 글에서 찾아 아래 문장을 완성하시오.

친구들, 안녕? 나는 사막여우라고 해. 북아프리카와 중동의 넓은 사막에서 살기 때문에 사람들이 나를 '사막여우'라고 불러. 나의 귀여운 외모 때문에 많은 사람들이 나를 좋아하고 반려동물로 키우고 싶어 하지.

내 외모에서 가장 눈에 띄는 게 어딜까? 그래, 내 귀야. 귀가 정말 크지? 다른 여우들과 비교했을 때 귀가 무척 커서 사람들이 신기해하고 귀엽다고 생각해. 내 귀는 왜 클까?

내가 사는 사막은 무척 더워서 조금만 움직여도 금방 열이 나. 열을 빨리 몸 밖으로 내보내려면 귀가 큰 게 유리해. 그래서 내 귀가 큰 거야.

사막여우의 귀가 큰 이유는 큰 귀로 _____

_____ 위해서이다.

 글을 읽고 아래의 '원인과 결과' 표를 완성하시오.

어떤 과목이 가장 어려운가요? 사람마다 차이는 있겠지만, 많은 친구가 수학을 가장 어려운 과목으로 꼽습니다. 특히 초등학교 3학년부터 수학을 싫어하고 포기하는 학생들이 생겨나기 시작하는데, 그 주된 원인은 분수 때문이라고 합니다. 숫자의 덧셈, 뺄셈, 곱셈, 나눗셈 계산 위주였던 2학년 수학과 달리, 3학년부터는 분수의 개념을 제대로 이해하지 못하는 상태에서 분수를 더하거나 곱하는 등의 복잡한 계산을 해야 합니다. 그래서 많은 학생들이 수학을 어렵다고 느끼고 피하고 싶어 합니다.

원인	결과
( )의 개념을 제대로 이해하지 못하는 상태에서 ( )를 더하거나 곱하는 등의 계산을 해야 해서	초등학교 3학년이 되면서부터 ( )을 어렵다고 느끼고 피하고 싶어 하는 학생이 많다.

4 글을 읽고 질문에 답하시오.

여러분은 사막에 가 본 적 있나요? 사막은 모래로 덮여 있고 물을 찾기 어려우며 낮에는 매우 덥습니다. 사막이 덥기 때문에 사람들이 반소매나 짧은 바지를 입을 거라고 생각하기 쉽지만, 오히려 그 반대입니다. 예전부터 사막 지역에 사는 사람들은 희거나 검은 천으로 만든 옷으로 온몸을 감쌌습니다. 머리 또한 긴 천으로 덮었습니다. 왜 그랬을까요?

사막 지역은 습도가 낮습니다. 습도가 낮다는 것은 열을 간직하고 전달하는 수분이 공기 중에 별로 없다는 뜻입니다. 그래서 햇살을 피해 그늘에 들어가면 시원하게 느낍니다. 즉, 직사광선만 피하면 그렇게 덥지 않다는 것이지요. 따라서 낮의 따가운 직사광선으로부터 피부를 보호하기 위해서 온몸을 덮는 긴 옷을 입었습니다.

• 직사광선 정면으로 비치는 광선

(1) 사막 지역의 사람들이 옛날부터 천으로 온몸을 감싼 이유는 무엇인가?

낮의 따가운 ☐☐☐☐ 으로부터 ☐☐ 를

보호하려고

(2) 사막 지역은 낮에 햇살이 뜨거워도 그늘에 들어가면 시원합니다. 그 이유가 무엇인지 글에서 알맞은 말을 찾아 쓰시오.

사막 지역은 _____가 낮다. 이 말은 공기 중에 _____

_____는 뜻이다.

그래서 낮에 햇살을 피해 그늘에 들어가면 시원한 것이다.

내용 파악하기

독해를 잘하려면 전체적인 내용뿐 아니라 세세한 정보도 놓치지 않아야 합니다.

어떻게
하나요?

 '내용 파악하기'는 이렇게 해요!

❶ 글의 제목, 글의 형식을 파악하세요

글의 제목을 보면 글에서 펼치질 내용과 주제 등을 대강 예상할 수 있으므로, 제목이 있는지 꼭 확인하세요. 또한 글의 형식을 알면 무엇에 집중해서 글을 읽어야 할지 방향을 정할 수 있습니다. 예를 들어, 설명문은 정보 전달이 주된 목적이므로 어떤 정보를 알리고자 하는지 파악하며 읽어야 합니다.

❷ '누가, 언제, 어디서, 무엇을, 어떻게, 왜'와 같은 세부 정보를 빨리 확인하세요

구체적인 정보를 묻는 질문이 나오면 질문에 나온 낱말과 같은 낱말이 글 어디에 나오는지 빨리 확인하세요. 그리고 이야기로 구성된 글을 읽을 때는 누가, 언제, 어디서, 무엇을, 어떻게, 왜 했는지를 기준으로 내용을 정리하며 읽으면 글의 뼈대를 쉽게 파악할 수 있게 됩니다.

❸ 글의 정보와 선택지의 내용을 잘 비교하세요

독해 문제를 풀 때 선택지의 내용과 글에 나오는 정보가 정확하게 맞는지 꼼꼼히 비교해서 틀린 것을 찾아내야 합니다. 글에서 쓴 낱말이나 표현을 선택지에 그대로 쓰지 않고 비슷한 뜻의 다른 낱말이나 표현으로 바꿔 쓸 때도 있으니 잘 확인하세요.

❹ 문장 간의 연결 관계를 파악하세요

문장을 이어 주는 말을 확인하여 문장끼리의 관계를 파악해 봅시다. 예를 들어, 문장 시작할 때 '그러나, 하지만, 그렇지만' 등이 있으면 앞과 다른(반대되는) 내용이 나온다는 표시이고, '또한, 그리고' 등이 있으면 뒤 문장의 내용이 앞과 비슷하다는 것을 알려 주죠. 이어 주는 말이 '그래서, 따라서'일 때는 앞의 내용이 근거나 이유가 되어 뒤의 결과가 나왔음을 나타냅니다.

✏️ 이런 질문이 나와요!

- 글의 주제와 관련된 속담은 어느 것인지 골라 그 기호를 쓰시오.

- 글에 관한 설명 중 바른 것에는 ◯, 바르지 않은 것에는 ✕를 표시하시오.

- 다음 중 뉴스의 내용과 거리가 먼 것은 무엇인가?

- 글을 읽고 아래의 표를 알맞은 내용으로 채우시오.

연습하기

이어 주는 말 이해하기 ❶ 문장과 문장을 이어 주는 말로 알맞은 것을 〈보기〉에서 골라 쓰시오.

〈보기〉

| 하지만 | 왜냐하면 | 그래서 | 그리고 |

(1) 토마토에는 건강에 좋은 영양소가 풍부하다.

   (   ) 토마토를 최고의 식품으로 꼽는 사람이 많다.

(2) 내 친구 태희는 매우 솔직하고 착하다.

   (   ) 가끔은 그 솔직함이 너무 지나치다고 느낄 때가 있다.

(3) 살을 빼려면 규칙적인 운동이 필요하다.

   (   ) 먹는 것도 조절해야 한다.

(4) 다른 친구들과 달리 나는 학교 가는 것을 좋아한다.

   (   ) 학교에서 먹는 점심 급식이 맛있기 때문이다.

우리는 오늘 국어 시간에 의성어와 의태어에 관해 배웠다. 사물 또는 사람이 내는 소리를 흉내 낸 말을 '의성어', 사물 또는 사람의 움직임이나 모양을 흉내 낸 말을 '의태어'라고 한다.

보통 우리는 학교 종이 '땡땡땡' 울리고, 고양이는 '야옹야옹' 울며, 개는 '멍멍'거리고, 돼지는 '꿀꿀', 오리는 '꽥꽥'거린다고 한다. 땡땡땡, 야옹야옹, 멍멍, 꿀꿀, 꽥꽥 같은 것이 소리를 흉내 낸 의성어이다.

반면, 도둑이 '살금살금' 복도를 걸었다고 할 때의 '살금살금'이나 창문을 '반짝반짝' 닦았다고 할 때의 '반짝반짝'은 움직임이나 모양을 흉내 낸 의태어이다.

선생님은 의성어와 의태어를 쓰면 상황을 생생하게 전달할 수 있고, 표현력이 풍부해지기 때문에 의성어와 의태어를 많이 알아두면 좋다고 말씀하셨다.

(1) 아래 표의 빈칸을 알맞은 내용으로 채우시오.

누가	언제	무엇을
우리는 선생님에게서	오늘 ( )에	( )와 ( )에 관해 배웠다. • ( )의 예: 땡땡땡, 야옹야옹, 멍멍, 꿀꿀, 꽥꽥 • ( )의 예: 살금살금, 반짝반짝

(2) 낱말과 그 뜻을 올바르게 선으로 연결해 보시오.

① 의성어 •   • ㉠ 사물 또는 사람의 움직임과 모양을 흉내 낸 말

② 의태어 •   • ㉡ 사물 또는 사람의 소리를 흉내 낸 말

(3) 의성어와 의태어를 많이 알아둘 때의 장점이 무엇인지 쓰시오.

• 상황을 [ ][ ][ ][ ] 전달할 수 있다.

• [ ][ ][ ] 이 풍부해진다.

중요한 정보 찾기 **3** 글을 읽고 질문에 답하시오.

황제펭귄의 겨울나기

남극에 사는 황제펭귄은 추운 겨울을 어떻게 날까? 혹독한 환경에서 사는 황제펭귄들은 영하 45도에 이르는 추위와 차갑고 날카로운 바람을 견디기 위해 몸을 서로 밀착해 동그란 원 형태로 무리를 짓는다.

바람이 부는 반대 방향으로 고개를 숙이고 서로 몸을 착 붙이면 무리 안의 온도가 영상 20도를 넘어 35도 가까이 오른다고 한다. 여기서 놀라운 점은 펭귄들이 골고루 온기를 나눈다는 사실이다.

제일 바깥쪽에 있는 펭귄은 안쪽에 있는 펭귄보다 춥지 않을까? 그러나 이들은 바람 부는 방향을 따라 아주 천천히, 조금씩 이동하면서 자연스럽게 바깥에 있던 펭귄이 무리의 안쪽으로 들어오고 안쪽에 있던 펭귄이 밖으로 자리를 이동한다. 이렇게 황제펭귄들은 공평하게 온기를 나누면서 서로를 의지해 추운 겨울을 나면서 봄을 기다린다.

• 밀착 틈이 없이 매우 가깝게 붙음
• 나면서 기간을 보내면서 ㊜ 나다

(1) 황제펭귄들은 겨울에 어떤 형태로 무리를 짓는가?

① 네모   ② 세모

③ 직선   ④ 원

(2) 황제펭귄에 관한 설명 중 바른 것에는 ◯, 바르지 않은 것에는 ✕를 표시하시오.

① 황제펭귄은 추위가 극심한 남극에서 산다.   (   )

② 무리를 지은 펭귄들은 전혀 움직이지 않고 자리를 지킨다.   (   )

③ 황제펭귄들은 무리를 만들고 서로 온기를 나눈다.   (   )

④ 정해진 펭귄 몇몇이 계속 나머지 펭귄을 위해 바람막이가 된다. (   )

이동통신의 발달에 대한 보고서

다락초등학교 4학년 김아영

'이동통신'의 뜻	이동하면서 무선으로 통신하는 방법으로, 자동차 전화, 핸드폰 등을 이용한다.
정보의 유형	음성, 데이터, 화상, 영상, 멀티미디어 등
세계 최초의 무선통신	1895년 이탈리아 과학자인 마르코니가 2.8km 거리에서 모스 신호를 보낸 것
한국 최초의 무선통신	1983년 무선 호출기가 처음 등장했고, 1994년에 휴대폰이 등장했다.
G의 의미	G는 영어 단어 Generation의 약자로 '세대'를 뜻한다. 1G부터 발달하여 현재는 5G까지 개발되었다. 데이터 전송 속도에 따라 발전 세대를 나눌 수 있다.

데이터 전송 속도에 따른 구분

1G	아날로그 통신 방식으로, 무전기, 씨티폰 등을 이용했다.
2G	전화 외에도 문자 전송이 가능하다.
3G	무선 인터넷과 영상 통화가 가능하다.
4G	LTE의 등장으로 영화, 드라마 등을 스마트폰을 통해 실시간으로 볼 수 있다.
5G	LTE보다 1,000배 더 빠른 속도로 데이터를 전송하며, 2020년경 상용될 것이다. 사물이 인터넷으로 연결되는 사물인터넷 시대가 온다.
조사하며 알게 된 점	전 세계 이동통신이 빠르게 발전하면서 사람들의 생활은 점점 편리해지고 있다. 사물인터넷이 일상적으로 쓰이게 되면 지금보다 더 많은 정보를 더 빨리 얻게 되고, 생활은 더 편리해질 것이다.

- 약자 읽거나 쓰기 쉽게 간략히 쓴 글자
- LTE 3G 이동통신보다 무선 인터넷 속도가 다섯 배 이상 빠른 4G 기술(※'장기간에 걸친 진화'라는 뜻의 영어 Long Term Evolution의 약자)
- 상용 일상적으로 쓰임
- 사물인터넷 사물에 부착된 센시로 정보를 수집하고 이 정보를 인터넷으로 모아 각각의 사물끼리 정보를 주고 받는 기술

(1) 빈칸을 채워 '이동통신'의 뜻을 완성하시오.

[ ][ ] 하면서 [ ][ ] 으로 통신하는 방법

(2) 다음 중 이동통신의 정보 유형이 <u>아닌</u> 것을 무엇인가?

① 음성   ② 화상

③ 봉화   ④ 영상

(3) 다음 중 'G'의 의미가 무엇인지 고르시오.

① 세대   ② 계층

③ 속도   ④ 영상

(4) 1G부터 5G까지 이동통신의 발전 세대를 구분하는 기준은 무엇인지 쓰시오.

_____

(5) 영화나 드라마 등을 스마트폰으로 실시간 볼 수 있는 것은 몇 G부터인가?

① 1G   ② 2G

③ 3G   ④ 4G

(6) 2020년경 상용되어 사물인터넷 시대를 이끌 것은 몇 G인가?

_____

05 글감과 주제 알기

글에는 글쓴이가 전하고 싶어 하는 중심 생각과 내용이 있습니다. 그것을 '주제'라고 합니다. 글쓴이는 글의 재료인 '글감'을 통해 이야기를 풀어나가면서 주제를 전달합니다.

어떻게 하나요?

✏️ '글감과 주제 알기'는 이렇게 해요!

❶ 글의 제목과 글에서 다루는 중요한 사건이나 인물, 내용을 확인하세요

제목이 있는 글을 읽을 때는 먼저 제목을 확인하세요. 제목을 통해 글감과 펼쳐질 내용의 방향을 예상할 수 있습니다. 그런 다음 글에서 다루는 중요 내용, 사건, 인물에 관해 살펴봅시다.

❷ 글의 방향성과 글쓴이의 태도를 살펴보세요

글쓴이가 글감에 관해 긍정적인 방향으로 내용을 전개하는지 부정적으로 전개하는지 살펴봅시다. 글쓴이가 사용하는 낱말이나 표현을 통해 글쓴이의 태도와 글의 방향을 확인할 수 있습니다. 이것으로 글의 주제를 가늠할 수 있습니다.

❸ 글의 처음과 끝을 확인하세요

주제는 글의 첫 문단이나 마지막 문단에 드러나 있을 때가 많습니다. 첫 문단을 읽으면서 어떤 내용이 전개될지 살펴보고, 마지막 문단에서 글쓴이가 글을 어떻게 마무리하는지 확인하세요.

❹ 글쓴이의 주장이 담긴 문장을 확인하세요

글쓴이의 주장이 담긴 문장을 꼼꼼히 읽어 보세요. 글쓴이의 주장에 글의 주제가 드러날 때가 많습니다. 보통 글쓴이의 주장을 담은 문장은 '(나는) ~ 생각한다', '우리는 ~해야 한다', 또는 '~해야겠다' 등의 형태를 가집니다.

어떻게 묻나요?

✏️ 이런 질문이 나와요!

- 무엇에 관한 글인가?

- 이 글의 글감은 무엇인가?

- 다음 중 글의 주제는 무엇인가?

- 글에서 가장 중점적으로 다루고 있는 내용은 무엇인가?

- 글을 통해 글쓴이가 전달하려고 하는 내용은 무엇인가?

- 다음 중 글에서 얻을 수 있는 교훈을 제대로 이해한 학생은 누구 인가?

 연습하기

 글감 파악하기 **1** 글을 읽고 질문에 답하시오.

'우파루파'라고 불리는 동물을 아나요? 우파루파는 도롱뇽의 일종으로, 멕시코 지역의 호수에서 삽니다. 한 번 보면 잊히지 않을 만큼 귀엽게 생긴 데다가 키우기와 번식시키기가 쉬워서 반려동물로 큰 인기를 누리고 있습니다. 머리가 넓고 다리는 가는 편이며, 몸 색깔은 다양합니다. 다 자랐을 때의 크기는 20~30cm 정도입니다. 그러나 서식지 파괴와 오염 때문에 현재 야생에서 사는 우파루파는 멸종위기에 처해 있습니다.

- 번식 생물이 자손을 낳는 등의 행위로 수가 늘어나는 것
- 서식지 동물이 주로 사는 장소

(1) 글의 글감이 무엇인지 쓰시오.

(2) 다음 중 글에서 소개하는 동물에 관해 알 수 <u>없는</u> 내용은 무엇인가?

① 서식지   ② 인기 원인

③ 외양과 크기   ④ 이름의 유래

옛날 사람들은 자기들이 사는 지역의 날씨, 지역에서 쉽게 구할 수 있는 재료, 생활 방식에 따라 살기 편하게 집을 지었다. 그 결과, 이러한 전통 집은 지역에 따라 서로 구별되는 독특한 형태를 보인다.

(㉠), 동남아시아의 캄보디아에서는 기둥을 세우고 그 위에 나무로 집을 지어서 계단을 오르내렸다. 땅에 기어 다니는 뱀을 피하고, 우기에 쏟아지는 비에 집이 잠기지 않게 하기 위해서였다.

기온이 높은 아프리카 탄자니아의 초원 지대에 사는 마사이족은 옛날부터 집의 벽과 바닥에 쇠똥을 발랐다. 쇠똥은 벽과 바닥이 갈라지는 것을 막고 뜨거운 햇볕을 차단하는 역할을 한다.

중앙아시아에 위치한 몽골에서는 사람들이 소와 염소, 양을 치며 초원에서 초원으로 이동하며 살았다. 몽골인들은 초원에 게르를 세웠는데, 게르는 나뭇가지로 엮은 벽에 양털로 만든 펠트를 두르고 흰색 천을 지붕에 씌운 둥근 형태의 텐트이다. 바람의 저항을 적게 받지만 통풍이 잘되어서 시원하며, 쉽게 분해, 조립할 수 있는 장점이 있다.

· 우기 열대 또는 아열대 지방의 비가 집중적으로 많이 내리는 시기
· 차단 통로나 흐름 등을 막아 통하지 못하게 함
· 펠트 양털을 젖은 상태에서 문질러 만든 섬유의 일종

(1) 다음 중 글의 빈칸 ㉠에 들어갈 알맞은 말을 고르시오.

① 왜냐하면　　　　　　② 그렇지만

③ 예를 들어　　　　　　④ 더군다나

(2) 이 글의 글감은 무엇인가?

① 캄보디아의 전통 집

② 탄자니아의 날씨

③ 게르의 재료와 장점

④ 각 지역의 전통 집

(3) 〈보기〉 상자에서 알맞은 내용을 골라 아래 표를 완성하시오.

〈보기〉

| 탄자니아 | 양털 | 몽골 | 쇠똥 | 나무 | 캄보디아 |

지역-나라 이름	집의 재료
아프리카 - ( )	( )을 벽과 바닥에 바른다
동남아시아 - ( )	기둥을 세우고 그 위에 ( )로 집을 짓는다
중앙아시아 - ( )	나뭇가지로 엮은 벽을 ( )로 만든 펠트로 두르고 흰색 천을 지붕에 씌운 ( ) 형태의 텐트를 친다

(4) 다음 집들은 어느 나라의 전통 집인지 빈칸에 나라 이름을 쓰시오.

①

②

③

_____   _____   _____

(5) 캄보디아의 전통 집이 글에 나온 형태가 된 이유를 모두 고르시오.

① 바람의 저항이 적고 통풍이 잘되어 시원하기 때문이다.

② 땅에 기어 다니는 뱀을 피하는 데 좋은 구조였기 때문이다.

③ 쏟아지는 비에 집이 잠기지 않으려면 집이 높은 데 있어야 했다.

④ 바닥이나 벽이 갈라지는 것을 막고, 햇볕을 차단하는 데 유리했다.

(6) 글의 주제를 나타내는 문장을 글에서 찾아 쓰시오.

_____

_____

_____

고양이 목에 방울 달기

어느 마을에 민첩하고 힘이 센 고양이가 들어와 자리를 잡았다. 고양이는 식욕이 왕성하고 사냥도 잘해서 마을의 쥐들을 많이 잡아먹었다. 또한 심심하면 괜히 쥐들을 못살게 굴기 일쑤였다. 고양이 때문에 골치가 아파진 쥐들은 어느 날, 고양이에 대항하기 위한 대책을 세우기 위해 한자리에 모였다.

"여러분, 평화롭던 우리 마을에 고양이가 들어오면서 우리의 삶이 매우 힘들어졌소. 이대로 가만히 있다가는 모두 잡아먹히고 말 것이오. 어떻게 하면 좋을 것 같소?"

마을의 가장 어른인 늙은 쥐가 말했다. 아무도 의견을 내지 않고 서로 눈치만 보았다. 그러다가 한 젊은 쥐가 번쩍 손을 들고 일어서서 자신만만하게 말했다.

"제게 좋은 생각이 떠올랐습니다. 고양이 목에 딸랑딸랑 울리는 방울을 달면 어떨까요? 모두가 아시다시피, 고양이 녀석이 워낙 조용히 움직이니 고양이가 다가오는 소리를 듣지 못해 우리가 당하고 있잖아요. (㉠) 고양이 목에 방울을 달면 움직일 때 소리가 나니까 그 소리를 듣고 도망갈 수 있을 것입니다."

"찬성합니다! 왜 진작 이리 좋은 생각을 떠올리지 못했을까요? 이제 안심하고 지낼 수 있겠어요!"

젊은 쥐의 의견을 들은 나머지 쥐들은 모두 기뻐하며 외쳤습니다.

그때 젊은 쥐의 이야기를 조용히 듣던 늙은 쥐가 입을 열었습니다.

"정말 좋은 의견이오. (㉡) 누가 고양이 목에 방울을 달 거요?"

그 순간, 찬물을 끼얹은 듯 모두 조용해졌다. 쥐들은 서로의 얼굴을 바라보며 말했다.

"그러게. 누가 하지?"

- 왕성하고 어떤 일이나 현상이 매우 활발하게 이루어지고 ⑩ 왕성하다
- 일쑤 곧잘 어떤 일을 함
- 대책 어떤 문제를 해결할 계획이나 방법

(1) 마을 쥐들이 한자리에 모인 이유는 무엇인지 글에서 찾아 쓰시오.

자신들을 잡아먹고 괴롭히는 ☐☐☐ 에 대항하기 위한

☐☐ 을 세우기 위해

(2) 고양이 목에 방울을 달았을 때의 장점으로 언급된 것은 무엇인가?

① 고양이가 방울 소리를 무서워하기 때문에 마을을 떠날 것이다.

② 고양이가 움직일 때 나는 소리 덕에 쥐들이 도망가기 쉽다.

③ 쥐들도 방울 소리에 맞춰 고양이와 함께 춤추며 친해질 수 있다.

④ 고양이 목에 달린 방울을 시끄럽게 흔들어서 고양이를 괴롭히기 좋다.

(3) 글의 빈칸 ㉠과 ㉡에 들어갈 말이 알맞게 짝지어진 것을 고르시오.

① 그러나 — 왜냐하면

② 그래서 — 혹시

③ 하지만 — 그런데

④ 그리고 — 따라서

(4) 다음 중 글에서 말하는 가장 중요한 교훈은 무엇인가?

① 고양이뿐 아니라 쥐도 생명이기 때문에 소중히 대해야 한다.

② 남들에게 도움이 되는 좋은 생각을 떠올려야 한다.

③ 내 의견을 말하기 전에 다른 사람의 의견을 먼저 듣자.

④ 아무리 좋은 계획도 실제로 실행할 수 없으면 소용이 없다.

적용하기

글을 읽을 때 내용을 제대로 파악하고 이해하면 이를 다른 상황에도 적용할 수 있습니다. 이러한 독해 기술을 '적용하기'라고 합니다. 이렇게 배운 정보와 내용을 다른 상황에 적용하거나 다른 문제를 해결하는 데 활용하는 것은 높은 수준의 독해 실력입니다.

어떻게
하나요?

✎ '적용하기'는 이렇게 해요!

❶ 글 속의 정보를 잘 정리하세요

글을 읽을 때 중요한 정보와 내용을 표시하거나 따로 표에 정리해 두세요. 관련 있는 정보는 따로 분류해 두면 좋습니다.

❷ 글에 나온 정보를 다른 상황에도 적용해 보세요

글을 읽는 목적은 단순히 읽고 있는 글의 내용을 제대로 이해하기 위한 것만은 아닙니다. 다른 상황에서 문제를 해결하는 데에도 이해한 내용을 적용하는 능력을 키우기 위해서입니다. 적용하기 문제를 풀 때는 자기가 이미 알고 있는 지식에 비추어 생각하지 말고 읽은 글의 내용(정보)을 바탕으로 답을 골라야 합니다.

어떻게
묻나요?

✎ 이런 질문이 나와요!

• 아래 상황에서 짐을 옮기는 가장 효과적인 방법을 글의 내용에 맞게 고르시오.

• 글의 주제를 적용해서 자기 의견을 말한 친구는 누구인가?

• 다른 문제가 없는데 냉장고의 문이 제대로 닫히지 않는다면 어떻게 해결해야 할까? (※글에 나온 내용을 바탕으로 생각하시오.)

연습하기

정보 적용하기 ① 아래의 각 상황에 쓸 수 있는 낱말을 글에서 찾아 빈칸을 채우시오.

'자몽하다', '포도하다', '수박하다', '망고하다', '오이하다', '배하다' 등의 말을 들어 본 적 있나요? 우리가 잘 아는 과일이나 채소 이름을 가지고 장난스럽게 만든 말 같지만, 놀랍게도 이 단어들은 행동을 표현하는 동사 또는 상태를 나타내는 형용사랍니다! 이 단어들의 뜻은 무엇일까요?

'자몽하다'란 '졸릴 때처럼 정신이 흐릿한' 상태를 나타내는 단어입니다. '포도하다'는 '도둑을 잡다' 또는 '죄를 짓고 도망가다'라는 뜻의 동사입니다. '수박하다'는 '주먹으로 치다', '붙잡아서 묶다'라는 뜻의 단어이고, '망고하다'는 '연을 날릴 때 줄을 다 풀다' 또는 '어떤 것이 끝에 이르러 마지막이 되다'라는 뜻입니다. '오이하다'는 '충고 등이 귀에 거슬리다', '배하다'는 '벼슬을 주어 임명하다' 또는 '숫자나 양을 두 번 합하다'라는 뜻이 있습니다.

이 외에도 '크고 넓은' 상태를 뜻할 때 쓰는 '호박하다', '잘못을 인정하고 용서를 구하다'라는 뜻의 '사과하다', '사람이 되바라져서 얄밉다'는 의미의 '매실매실하다', '가을을 기다리다'라는 뜻의 '대추하다' 등 과일 또는 채소 이름과 소리는 같지만, 뜻이 다른 우리말이 여럿 있습니다. 이러한 우리말을 더 찾아보면 어떨까요?

(1) 밤새 게임을 하느라 잠을 못 자서 (　　　　　　)해.

(2) 어제 너에게 소리 질러서 미안해. 내가 오해했어. 진심으로 (　　　　　　)할게.

(3) 쉽게 욱하는 성격을 고치라고 친구들이 계속 얘기해 주는데, 그런 충고를 들을 때마다 (　　　　　　)하더라.

(4) 민호는 자기가 잘못했을 때도 잘못을 인정 안 하고 뻔뻔하게 행동해. 친구지만 가끔 진짜 (　　　　　　)하게 느껴져.

(5) 반역을 꾀하던 신하들은 계획이 발각되자 한밤중에 급히 (　　　　　　)했다.

(6) 여봐라! 저 죄인을 단단히 (　　　　　　)하라!

추론하기

주어진 정보나 근거를 바탕으로 미루어 짐작하는 독해 기술을 '추론하기'라고 합니다. 추론을 통해 인물의 성격, 사건의 발생 원인, 앞으로 벌어질 법한 일, 인물이 할 것 같은 말, 단어의 뜻 등을 추측할 수 있습니다.

어떻게
하나요?

 '추론하기'는 이렇게 해요!

❶ 글에 나온 정보(내용)를 바탕으로 이유를 추측하세요

추론을 해야 하는 독해 문제를 풀 때는 답이 될 것 같은 선택지가 있어도 그것이 글에 나온 정보를 바탕으로 한 게 아니면 정답이 아닙니다. 미루어 짐작할 때에는 자기가 알고 있던 내용 말고 글에 나온 내용과 정보에 근거를 두어야 합니다.

❷ 앞뒤 내용이 자연스럽게 연결되는지 생각하며 읽으세요

이후에 벌어질 일, 또는 인물이 할 것 같은 말이나 행동을 예상하는 문제가 나오면, 글과 연결했을 때 자연스러운 내용이 담긴 선택지를 선택해야 합니다.

❸ 인물의 말과 행동으로 인물의 성격을 추측하세요

등장인물의 성격을 짐작하는 문제를 풀 때는 인물의 말이나 행동을 묘사한 문장, 또는 인물에 관해 설명한 문장을 주의해서 읽어봅시다.

어떻게
묻나요?

 이런 질문이 나와요!

• 다음 중 이후에 벌어질 것 같은 일은 무엇인가?

• 지은이는 어떤 성격일 것 같은가?

• 빈칸 ㉠에 들어갈 여우의 말로 가장 알맞은 것을 고르시오.

• 할아버지가 고향을 떠나야 했던 이유는 무엇이었을까?

 연습하기

벌어질 일 예측하기 **1** 글을 읽고 질문에 답하시오.

하루는 농부의 딸이 우유가 담긴 큰 통을 머리에 이고 시장으로 걷고 있었다.
'우유가 많으니까 이걸 팔면 돈이 좀 생길 거야.'
소녀는 우유를 판 돈으로 무엇을 할지 생각하기 시작했다.
'아무리 적어도 달걀 300개는 살 수 있는 돈이 생기겠지? 그 달걀들을 부화시키면 닭이 250마리 정도는 태어날 거고, 그 닭들이 자라면 또 시장에 내다 팔아야겠다. 그 닭들을 팔면 예쁜 새 드레스를 살 돈이 생길 거고, 난 그 새 드레스를 입고 파티에 가야지. 모두가 나를 주목할 거고 멋진 남자들이 나에게 반해서 청혼을 할 거야. 하지만 난 모두 거절하고 그냥 파티를 즐길 거야.'
소녀는 행복한 상상에 빠져서 발 앞에 놓인 큰 돌덩이를 보지 못하고 걸음을 서둘렀다.

㉠

• 주목할 관심을 가지고 지켜볼 ⑳ 주목하다
• 청혼 결혼해달라고 요청함
• 나머지 어떤 일의 결과를 나타내는 표현

(1) 소녀는 돈을 어떻게 벌 생각인지 쓰시오.

머리에 인 통에 담긴 [　][　] 를 [　][　] 에 가지고 가서 판다.

(2) 글의 흐름상 빈칸 ㉠에는 어떤 내용이 나올 것 같은가?

① 돌에 발이 걸려 소녀가 넘어지면서 우유통을 땅에 떨어뜨렸다.
② 소녀는 깡충 돌덩이 위를 뛰어넘었고, 시장에 무사히 도착했다.
③ 소녀는 길을 가다가 늑대를 만나서 소중한 우유통을 빼앗겼다.
④ 우유통이 너무 무거워서 소녀는 우유를 모두 땅에 쏟아버렸다.

어느 날, 주린 배를 물로 채우러 호숫가로 온 사자는 물에 비친 자신의 모습을 바라보았다. 나이는 많고 병까지 들어 볼품없는 모습을 보며 사자는 중얼거렸다.

"내가 언제 이렇게 늙었을까? 이제는 늙고 병들어서 예전처럼 달릴 수도, 먹이를 사냥할 수도 없구나. 이제 죽을 일만 남았어."

사자는 천천히 집으로 발걸음을 옮겼다. 가는 길에 새를 만난 사자는 슬퍼하며 ㉠자신의 처지를 말했고, 사자의 소식은 곧 모든 숲 속 동물에게 알려졌다.

이야기를 들은 동물들은 사자를 안쓰럽게 여기며 하나둘씩 병문안을 하러 갔다. 사자는 처음에는 동물들의 방문에 놀랐지만, 곧 기뻐하며 속으로 꾀를 냈다.

'먹이가 제 발로 찾아와 주다니! 굳이 사냥을 나갈 필요가 없겠어!'

사자는 집안에 들어온 동물들을 잡아먹었다. 잘 먹으니 병도 낫고 살도 오르게 되었다.

하루는 여우가 사자의 집에 찾아왔다. 여우는 문밖에 서서 사자에게 병이 나아졌는지 물었다.

㉡"친구, 걱정해 줘서 고맙네. 하지만 점점 힘이 빠지는군. 아무래도 나는 오래 못 살 것 같아. 눈도 침침해서 앞이 잘 안 보이는데, 자네 얼굴을 가까이에서 보고 싶군. 집에 들어오는 게 어떻겠나."

사자는 친절한 목소리로 여우에게 말했다. 사자의 말을 들은 여우는 땅바닥을 유심히 살펴보았다. 그러고는 휙 뒤돌아 떠나며 사자에게 큰소리로 외쳤다.

"사자님, 얼른 나으세요. 다 나으면 나중에 밖에서 보는 거로 하지요. 전 이만 갑니다. ㉢집으로 들어가는 동물들의 발자국은 보이는데 밖으로 나오는 발자국은 보이지 않는군요."

• 처지 처한 상황이나 형편

(1) 밑줄 친 ㉠자신의 처지가 무엇을 가리키는지 글에서 찾아 쓰시오.

_____

_____

(2) 사자가 ㉡처럼 여우에게 친절한 목소리로 말한 이유는 무엇일까?

① 여우와 친한 친구가 되고 싶어서

② 여우 얼굴을 보면 병이 나을 것 같은 기분이 들어서

③ 집 안에 있던 다른 동물들이 여우를 초대해서

④ 여우를 집 안에 들어오게 해서 잡아먹으려고

(3) 글의 밑줄 친 ㉢을 통해 여우가 알아차린 것은 무엇인가?

① 숲 속의 모든 동물이 사자에게 문병을 하러 갔다.

② 동물들은 그 종류에 따라 발자국 모양이 다르다.

③ 사자의 집 안에 들어간 동물은 모두 잡아 먹혔다.

④ 병문안 온 동물들이 너무 많아서 사자가 피곤해한다.

(4) 글을 통해 알 수 있는 여우의 성격과 특징은 어떠한지 아래 상자에서 해당하는 것을 모두 골라 쓰시오.

• 병약하다	• 눈치가 빠르다	• 영리하다
• 순진하다	• 정직하다	• 검소하다

_____

(5) 글을 통해 배울 수 있는 교훈을 제대로 이해한 친구는 누구인가?

① 진욱: 정신을 똑바로 차리고 있으면 위험을 피할 수 있어.

② 수지: 건강을 잃으면 모든 게 끝이니 운동을 많이 해야 해.

③ 해성: 아프고 병든 사람에게는 늘 친절을 베풀고 관심을 가져야 해.

④ 연지: 좋은 동물학자가 되려면 동물의 특성을 잘 알아야 해.

문단 이해하기

몇 개의 문장이 모여 있는 짧은 글을 '문단(단락)'이라고 합니다. 하나의 문단에는 중심 내용을 담은 문장과 이것에 대해 더 자세한 정보를 주는 문장, 즉 부연 설명을 하는 문장이 있습니다. 여러 개의 문단으로 구성된 긴 글을 읽을 때 문단끼리의 연결 관계를 파악하면 글의 내용을 쉽게 이해할 수 있습니다.

어떻게
하나요?

 '문단 이해하기'는 이렇게 해요!

❶ 문단의 중심 내용을 담은 문장과 부연 설명을 하는 문장을 구분해요

하나의 문단에는 그 문단의 중심 내용이 담긴 문장이 있습니다. 그리고 나머지 문장은 이 중심 내용을 담은 문장을 설명하는 역할을 합니다. 중심 내용을 담은 문장은 일반적으로 문단의 맨 앞에 나올 때가 많지만, 간혹 마지막에 나올 수도 있습니다. 부연 설명하는 문장(들)은 그 중심 내용을 담은 문장과 자연스러운 흐름으로 연결되어야 합니다.

❷ 긴 글은 문단끼리의 연결 관계를 파악해요

여러 개의 문단으로 이루어진 긴 글을 읽을 때는 문단끼리 어떤 관계를 맺고 있는지 확인해야 합니다. 각 문단의 역할을 이해해야 글의 내용을 잘 알 수 있습니다.

어떻게
묻나요?

 이런 질문이 나와요!

• 다음 중 〈가〉문단의 주제문을 찾아 쓰시오.

• 아래 주어진 문장들이 '중심 내용이 담긴 문장'인지 '부연 설명하는 문장'인지 구분하시오.

연습하기

문장의 역할 알기 **1** 다음 문단을 읽고 중심 내용이 담긴 문장에는 '중심', 부연 설명에는 '부연'이라고 쓰시오.

(1)

　①한 분야의 전문가가 되기 위해서는 최소한 1만 시간의 훈련과 노력이 필요하다. ②이것을 가리켜 '1만 시간의 법칙'이라고 한다. ③1만 시간이란 매일 3시간씩이면 햇수로 약 10년, 10시간씩이면 3년이 걸리는 시간이다.

① _____　　② _____　　③ _____

(2)

　①인체의 70%를 차지하는 물은 우리에게 매우 중요합니다. ②그런데 땀이나 대소변 등을 통해 매일 몸에서 약 2ℓ(리터)의 수분이 빠져나가지요. ③하지만 매일 2ℓ의 물을 마시면 수분을 보충할 수 있습니다.

① _____　　② _____　　③ _____

(3)

　①세계 여러 나라에는 고유의 특색을 드러내는 전통의상이 있다. ②우리나라의 전통의상인 한복은 직선과 곡선이 만들어내는 조화와 아름다운 색깔로 유명하다. ③중국의 전통의상인 치파오는 보통 몸에 딱 맞게 입으며, '차이니즈 칼라'라고 부르는 각진 옷깃이 특징이다. ④일본의 전통의상은 기모노인데, 특히 여자들이 입는 기모노는 성큼성큼 걸을 수 없을 만큼 옷의 폭이 좁고, 소매는 길고 넓다.

① _____　② _____　③ _____　④ _____

09

요약하기

글에서 중요한 내용만을 따로 빼서 짧게 간추리는 것을 '요약하기'라고 합니다. 글을 제대로 간추리려면 글에서 가장 중요하고 중심이 되는 사실이나 생각, 즉 글의 요점을 잘 파악해야 합니다.

어떻게
하나요?

✏️ '요약하기'는 이렇게 해요!

① 문단의 핵심 내용을 파악하세요

문단에서 중요하게 전달하는 정보, 그리고 문단의 요점이 무엇인지 파악해요. 문단별로 핵심 낱말들을 구분해 정리해 두는 게 좋습니다.

② 글의 구조도를 짜서 내용을 간추려 보세요

문단별 핵심 내용을 파악한 다음에는 글의 줄기에 맞춰 중요한 내용을 간단한 표나 마인드맵 등에 정리해 봅시다. 문단이 여러 개로 이루어진 글이라 해도 보통은 크게 처음과 가운데, 끝의 세 부분으로 나눌 수 있습니다. 세 덩어리에서 핵심적으로 말하려는 내용이 무엇인지 파악하세요.

③ 이야기에 등장하는 인물의 이동과 사건의 순서를 파악하세요

전래동화나 소설 등 이야기를 읽을 때는 사건(일)의 흐름이나 등장인물의 이동에 따라 이야기가 흘러가는 것을 볼 수 있습니다. 인물이 이동하는 장소, 이동하는 이유, 이동해서 한 일 등을 정리하다 보면 글을 요약할 수 있습니다.

어떻게
묻나요?

✏️ 이런 질문이 나와요!

• 〈보기〉에서 알맞은 낱말을 찾아 글의 내용을 간단히 정리한 표의 빈칸을 채우시오.

• 사건의 순서에 따라 아래 내용을 정리하시오.

사건 순서 파악하기 ① 글을 읽고 아래 ㉠~㉣을 벌어진 일의 순서에 맞게 나열하시오.

　숲에 멋진 뿔을 뽐내는 수사슴 한 마리가 살고 있었다. 모두가 수사슴을 보면 뿔이 멋지다고 칭찬하기 때문에, 수사슴에게는 자신의 크고 위풍당당한 뿔이 큰 자랑거리였다.

　하루는 수사슴이 호숫가로 와서 물을 마셨다. 물을 마시면서 물에 비친 자신의 모습이 보였는데, 뿔은 역시나 정말 멋져 보였다. 하지만 다리는 가늘고 볼품없어 보였다. 수사슴은 혼자 중얼거렸다.

　"오늘도 내 뿔은 아름답고 멋지군. 그런데 내 다리는 왜 이리 가늘고 못생겼지?"

　바로 그때, 갑자기 사자 한 마리가 사슴을 덮쳤다. 화들짝 놀란 사슴은 가늘고 볼품 없어 보이는 다리로 잽싸게 사자를 피했다. 하지만 사자는 포기하지 않고 계속 사슴의 뒤를 쫓았다.

　사자를 따돌리고 싶었던 사슴은 숲 속으로 뛰어갔다. 숲에는 나무가 울창해서 사자가 따라오기 어려울 거로 생각했기 때문이다. 그러나 평소 사슴이 자랑스럽게 여겼던 뿔이 나뭇가지들에 걸려 사슴은 꼼짝 못하게 되었다. 그런 수사슴에게 사자가 느긋하게 다가와서 결국 사슴은 잡아먹혔다.

숲에 멋진 뿔을 가진 사슴이 살고 있었다.

㉠ 갑자기 사자가 나타나 사슴을 잡아먹으려고 덮쳤다.

㉡ 자랑하던 크고 멋진 뿔 때문에 나뭇가지에 걸려 움직이지 못하는 수사슴은 사자에게 잡아 먹혔다.

㉢ 하루는 물을 마시다가 사슴은 물에 비친 자신의 멋진 뿔과 가는 다리를 비교했다.

㉣ 가는 다리를 이용해 사자를 피한 수사슴은 숲 속으로 뛰어 들어갔다.

(　　　　→　　　　→　　　　→　　　　)

〈가〉 전 세계에서 가장 유명하고 인기 있는 판타지 소설을 물으면 영국 작가 조앤 롤링이 쓴 〈해리 포터〉를 떠올릴 사람이 많을 것이다. 아이들뿐 아니라 어른들도 열광한 이 책의 성공으로 조앤 롤링은 영국 여왕보다 부자가 되었다는 기사가 나오기도 했다. 〈해리 포터〉는 1997년 6월에 그 첫 번째 편이 출간되었으며 2007년 8월에 마지막 편인 7권이 나왔다.

〈나〉 부모가 비운의 천재 마법사들이었고, 자신이 그런 부모로부터 강력한 마법사의 유전자를 물려받았다는 것을 모른 채 이모네에서 더부살이하던 해리 포터는 열한 번째 생일날 호그와트 마법학교에 입학하면서 자신의 과거를 알게 된다. 그곳에서 해리 포터는 자신의 능력을 꽃피우며 서서히 마법사로 성장하지만, 어둠의 마왕 볼드모트도 함께 부활한다. 과거에 해리 포터의 부모를 살해했던 볼드모트는 순수혈통의 마법사만이 마법사의 지휘권을 가져야 한다고 하며 마법세계를 혼돈으로 빠트린다. 해리 포터와 그의 동료들은 마법학교로 쳐들어온 볼드모트 일당에 맞서 전쟁을 치르고, 해리 포터가 볼드모트와의 결투에서 이기면서 마법세계의 평화를 지킨다. 볼드모트와의 결투 후 19년이라는 시간이 지나고, 해리는 아들을 다시 마법학교에 보내게 된다.

〈다〉 〈해리 포터〉는 판타지 소설이지만, 동시에 어른으로 성장해가는 한 소년에 관한 이야기를 담은 성장소설이라고도 볼 수 있다. 해리 포터가 현실과 마법 세계 사이에서 균형을 잡으며 한 명의 어른으로 성장하는 과정이 잘 그려져 있기 때문이다. 해리 포터가 자신의 과거와 미래에 대해 고민하며 성장하는 모습은 전 세계의 많은 어린이의 공감을 얻었다.

· 열광한 몹시 흥분하여 미친 듯이 날뜀 ⑧ 열광하다
· 더부살이 다른 사람 집에서 얹혀사는 일
· 비운 슬픈 운명
· 혼돈 모든 게 뒤죽박죽 섞여 있어 어지러운 상태

(1) 글에서 중점적으로 다루는 것은 무엇인가?

① 조앤 롤링   ② 마법

③ 소설 〈해리 포터〉   ④ 성장소설

(2) 〈해리 포터〉에 관한 설명 중 바르지 <u>않은</u> 것은 무엇인가?

① 〈해리 포터〉는 총 7권으로 구성되어 있다.

② 〈해리 포터〉의 주인공은 해리 포터라는 이름의 소년이다.

③ 〈해리 포터〉는 영국 여왕이 쓴 성장소설이다.

④ 〈해리 포터〉는 전 세계에서 가장 인기 있는 판타지 소설이다.

(3) 〈가〉~〈다〉문단 중 아래의 질문에 해당하는 문단의 기호를 쓰시오.

① 〈해리 포터〉의 줄거리를 언급한 문단은 어느 것인가? _____ 문단

② 전 세계의 어린이들이 〈해리 포터〉를 읽고 공감한 이유가
   나온 문단은 어느 것인가? _____ 문단

③ 〈해리 포터〉 작가에 관한 정보를 주는 문단은 어느 것인가? _____ 문단

(4) 〈보기〉에서 알맞은 말들을 골라 빈칸을 채워 글을 요약하시오.

> **〈보기〉**
>
> | 마법사 | 판타지 | 마법학교 | 해리 포터 |
> | 마법 | 성장 | 일곱 | 성장소설 |

〈해리 포터〉	분야	( ) 소설	
	작가	조앤 롤링	
	권 수	총 ( )권	• 첫 번째 편 출간: 1997년 6월 • 마지막 편 출간: 2007년 8월
	줄거리	( )라는 이름의 소년이 호그와트 ( )에서 자신의 ( )로서의 능력을 깨닫고 성장해간다. 마왕 볼드모트가 부활하자 동료들과 함께 힘을 모아 그에 맞서 학교와 ( )세계의 평화를 지킨다.	
	가치	한 소년이 자신의 과거와 미래에 대해 고민하며 한 명의 어른으로 ( )하는 과정을 그린 ( )로도 볼 수 있다.	

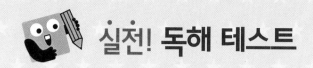

[1-2] 글을 읽고 문제를 풀어 보시오.

추운 겨울이 되어 기온이 영하로 떨어지면 우리는 하늘에서 내리는 눈을 볼 수 있습니다. 날씨가 따뜻하고 바람이 불지 않을 때 펑펑 내리는 함박눈, 비와 함께 내리는 진눈깨비, 춥고 바람이 세게 부는 날 내리는 가루눈 등 눈에는 여러 종류가 있습니다. 그런데 눈은 왜 내리는 걸까요?

땅의 물방울들은 수증기가 되어 하늘로 올라가 구름이 됩니다. 구름에 계속 물방울이 모이다가 무거워지면 땅으로 다시 떨어지는데, 날씨가 따뜻해서 기온이 영상이 되면 비가 되어 내립니다. 온도가 낮고 추우면 구름에 모인 물방울은 얼음 알갱이가 되고, 더 많은 수증기가 달라붙으면서 이 얼음 알갱이가 점점 커집니다. 그러다가 이러한 얼음 알갱이들이 구름 안에 계속 있을 수 없을 정도로 무거워졌을 때 날씨가 추워져 기온이 영하가 되면 서로 엉겨 붙어 눈송이가 되어 땅에 떨어집니다.

글감과 주제 알기 **1** 이 글에서는 주로 어떤 내용을 다루고 있는가?

① 눈의 종류 　　　② 눈이 내리는 날씨

③ 눈이 내리는 과정 　　④ 구름의 형성

원인과 결과 알기 **2** 어떻게 해서 눈이 내리는지에 관한 설명을 완성하시오

물방울들이 하늘로 올라가 ☐☐ 이 만들어짐 ➡ 온도가 낮고

추우면 ☐☐ 속 물방울들이 ☐☐ 알갱이가 됨 ➡

구름이 무거워지고, 날씨가 추워져 기온이 ☐☐ 가 되면 알갱

이들이 서로 엉겨 붙어 눈송이가 되어 땅에 떨어짐

대동여지도는 1861년 조선 시대의 지리학자인 김정호가 완성한 지도입니다.

원본은 종이에 그린 것이 아니라 목판으로 되어 있습니다. 거대한 지도를 일일이 손으로 베껴 그리기 어려우므로 쉽게 지도를 찍을 수 있게 김정호는 처음부터 목판에 새겼는데, 총 22개의 목판이 제작되었다고 합니다. 전체 지도의 크기가 어마어마하여 22개의 목판을 제대로 펼쳐 놓으면 다 합쳐서 가로는 약 4m, 세로는 7m나 됩니다.

대동여지도를 보면 현대에 인공위성으로 찍은 사진과 비교해도 크게 다르지 않을 만큼 정확하게 우리나라의 산맥, 강, 마을 등이 표시되어 있습니다. ㉠이렇게 만들기 위해 김정호가 온 나라를 구석구석 걸어 다니고 백두산을 일곱 번이나 다녀왔다는 말도 전해지지만, 실제로 ㉡그랬는지는 알 수 없습니다. 당시 함께 지도 만들기에 참여한 동료들의 글에서 추측하면 김정호는 그 당시에 발간된 여러 우수한 지도를 모아서 비교하며 대동여지도를 만들었던 것으로 보입니다.

· 목판 종이에 찍기 위해 나무에 글자나 그림을 새긴 인쇄판

가리키는 말 알기 3 글의 밑줄 친 ㉠이렇게와 ㉡그랬는지가 가리키는 것을 찾아 쓰시오.

㉠ 이렇게: _____

_____되게

㉡ 그랬는지: _____

_____

4 글에서 찾은 알맞은 말로 표의 빈칸을 채워 글의 요약표를 완성하시오.

대동여지도	
제작 시기	( )년 조선 후기
대표 제작자	지리학자인 ( )
지도를 새긴 재료	총 ( )개의 ( )에 새김
지도의 크기	다 펼쳤을 때: 가로 약 ( )m, 세로 약 ( )m
특징	• ( )에 새겨져 있어서 손으로 직접 베끼지 않고 쉽게 찍을 수 있었음 • 우리나라의 산맥, 강, 마을 등이 비교적 ( ) 표시됨

내용 파악하기 5 김정호에 관한 내용 중 바르지 <u>않은</u> 무엇인가?

① 조선 시대의 지리학자였다.

② 처음부터 목판에 지도를 만들었다.

③ 지도를 만들려고 전국을 돌아다녔다는 기록이 있다.

④ 동료들의 도움을 받으며 대동여지도를 완성했다.

[6-9] 글을 읽고 문제를 풀어 보시오.

어느 날 한 소년이 집의 식탁 위에 큰 유리 단지가 놓여 있는 것을 보았다. 단지 안에는 소년이 좋아하는 초콜릿이 가득 들어 있었다. 그런데 단지가 무척 크고 무거워서 소년의 힘으로는 그것을 움직일 수가 없었다. 게다가 단지의 목은 좁고 길었다. 고민하던 소년은 손가락을 길게 편 다음 손을 한껏 오므려서 목이 좁고 긴 단지 안으로 손을 밀어 넣었다. 다행히 손은 단지 안으로 쏙 들어갔다. 소년은 기뻐하며 초콜릿을 한 움큼 쥐고 손을 단지에서 빼내려고 했다. (㉠) 이번엔 손이 빠지지 않았다. 소년의 움켜쥔 손은 단지의 좁은 목에 비해 너무 컸다.

㉡이러지도 저러지도 못한 채 소년은 서 있다가 울기 시작했다. 소년의 울음소리를 듣고 방에서 나온 엄마는 이 광경을 본 순간 소년이 왜 우는지 알아차렸다. 그리고는 소년에게 다정하게 이야기했다.

"한 번에 다 가지려 하지 말고 손에 쥔 것을 몇 개 놓아 보렴. 그럼 조금이라도 가질 수 있을 거야."

· 오므려서 한군데로 모아서 ⑭ 오므리다
· 움큼 손으로 한 줌 움켜쥔 분량을 세는 단위

내용 파악하기 6 다음 중 글의 밑줄 친 ㉠에 들어갈 알맞은 말은 무엇인가?

① 게다가　　　　② 왜냐하면
③ 그러나　　　　④ 따라서

추론하기 7 글의 밑줄 친 ⓛ의 모습으로 보아 소년의 성격은 어떤 것 같은가?

① 검소하다

② 욕심이 많다

③ 이기적이다

④ 현명하다

내용 파악하기 8 글의 내용에 관한 설명 중 바른 것에는 O, 바르지 <u>않은</u> 것에는 ×를 표시하시오.

(1) 유리 단지 안에는 소년이 좋아하는 초콜릿이 들어 있었다.   (   )

(2) 유리 단지는 매우 가벼워서 소년은 단지를 들 수 있었다.   (   )

(3) 유리 단지의 목이 좁고 길어서 소년은 손을 넣을 수 없었다.   (   )

(4) 소년은 주먹을 쥔 상태로 단지에 손을 넣었다.   (   )

글감과 주제 알기 9 다음 중 글에서 말하고자 하는 교훈으로 알맞은 것은 무엇인가?

① 너무 욕심을 부리면 아무것도 갖지 못한다.

② 운다고 항상 문제가 해결되는 것은 아니다.

③ 무거운 것도 혼자 들 수 있을 만큼 힘이 세야 한다.

④ 해결하지 못하는 문제는 어른에게 도움을 청해야 한다.

[10-12] 글을 읽고 문제를 풀어 보시오.

〈가〉 여러분은 무거운 물건을 들 때 어떻게 하나요? 힘들게 끙끙거리며 드나요? 지렛대를 쓰면 작은 힘으로도 손쉽게 무거운 물체를 들어 올릴 수 있습니다. 지렛대는 막대의 한 점을 물체에 받치고(받침점), 한쪽에 물건을 올린 다음(작용점), 물건이 있는 반대쪽에 힘을 줘서(힘점) 물건을 움직이는 도구입니다. 받침점과 작용점 사이의 거리가 받침점과 힘점 사이의 거리보다 짧을 때 작은 힘으로도 무거운 물건을 들어 올릴 수 있지요. 이것을 '지렛대의 원리'라고 합니다.

〈나〉 지렛대의 원리가 적용된 물건 중 우리가 주변에서 흔히 볼 수 있는 것에는 무엇이 있을까요? 놀이터에 있는 시소를 떠올려 보세요. 보통 시소를 타면 몸무게가 많이 나가는 친구는 땅에 붙고 가벼운 친구는 공중에 뜹니다. 그렇지만 무거운 친구가 시소의 중앙에 있는 받침대로 가까이 움직이면 서서히 수평이 맞추어지며 시소가 어느 한쪽으로 기울지 않게 되지요.

〈다〉 우리가 종이를 자를 때 쓰는 가위에도 지렛대의 원리가 적용되어 있습니다. 가위의 가운데에 있는 고정 나사가 받침점이 되고, 작용점은 가위 날, 손잡이가 힘점입니다. 양쪽 손잡이에 힘을 줘서 한 곳으로 모으면 양쪽 가위 날이 한곳으로 모이는 과정에서 날 사이에 있는 종이가 잘립니다.

〈라〉 병뚜껑을 따는 병따개도 지렛대의 원리를 이용한 물건입니다. 병따개 머리의 윗부분이 받침점, 머리 아랫부분이 작용점, 손잡이가 힘점이 됩니다. 병따개는 받침점과 작용점 사이가 짧고, 작용점과 힘점의 거리가 멉니다. 작용과 힘점 사이의 거리가 멀수록 작은 힘으로 병뚜껑을 딸 수 있습니다.

• 지렛대 무거운 물건을 들어 움직일 때 사용하는 막대기

낱말 이해하기 ⑩ 주어진 뜻이 설명하는 낱말을 글에서 찾아 쓰시오.

[뜻] 한쪽으로 치우치지 않고 양쪽이 평평하게 균형이 맞는 상태

_____

문단 이해하기 ⑪ 아래 설명에 해당하는 문단의 기호를 쓰시오.

(1) 글에서 지렛대와 그 원리를 설명한 문단을 쓰시오.

_____ 문단

(2) 지렛대의 원리로 만들어진 물건을 소개하는 문단을 모두 쓰시오.

_____ 문단

(3) 〈다〉문단의 중심 문장을 찾아 쓰시오.

_____

_____

(4) 〈라〉문단의 중심 문장을 찾아 쓰시오.

_____

_____

아래와 같은 상황에서 문제를 해결하기 위한 가장 효과적인 방법은 무엇인가?

(※글에 나온 정보를 바탕으로 생각하시오.)

> 통조림 통 안의 햄을 통째로 빼고 싶은데 뒤집어서 아무리 바닥을
> 쳐도 햄이 나오지 않는다. 어떻게 하는 게 좋을까?

① 통을 뒤집은 다음 햄이 나올 때까지 계속 통의 바닥을 친다.

② 통을 뜨거운 물에 10분 가까이 담근 다음 통을 꺼내 다시 한번 바닥을 친다.

③ 통을 마구 흔들거나 비틀어 보고 햄이 나오지 않으면 뚜껑을 꽉 막은 후에 벽에 힘껏 던진다.

④ 통의 한쪽 면으로 숟가락을 밀어 넣고, 그 면의 가장자리를 받침대 삼아 숟가락 손잡이에 힘을 준다.

무엇을 읽을까

1과 재미있는 글

우리는 책이나 텔레비전, 인터넷 동영상 등을 통해 재미있는 이야기를 쉽게 보고 듣습니다. 우리는 왜 재미있는 이야기를 좋아할까요? 우리가 직접 겪지 못하는 일들을 대신 전달해 주기 때문이 아닐까요?

목표 **다음 독해 기술을 이용해 봅시다.**

- ○ 낱말 이해하기
- ○ 가리키는 말 알기
- ☑ **원인과 결과 알기**
- ☑ **내용 파악하기**
- ☑ **글감과 주제 알기**
- ○ 적용하기
- ☑ **추론하기**
- ☑ **문단 이해하기**
- ☑ **요약하기**

교과서 연계

- [4학년 1학기] 국어 5단원 '내가 만든 이야기'
- [4학년 1학기] 국어 2단원 '내용을 간추려요'
- [4학년 2학기] 국어 4단원 '글 속의 생각을 찾아'
- [4학년 2학기] 국어 9단원 '시와 이야기의 세계'

아래 그림은 각각 뒤에 나오는 글의 상황을 나타내고 있습니다. 어떤
상황일지 생각하면서 질문에 관한 답을 골라 봅시다.

1

(1) 글에서 어떤 내용이 전개될 것 같은가?

　ㄱ 남자와 여자가 크리스마스 트리를
　　 만들 것 같다.

　ㄴ 크리스마스 선물을 주고받을 것 같다.

(2) 다음 중 글에 나올 법한 대사는 무엇일까?

　ㄱ "크리스마스 선물로 머리카락을 팔
　　 아서 당신 시계에 어울릴 시곗줄을
　　 샀어요!"

　ㄴ "왜 내 생일 때는 선물을 안 줬어?"

2

(1) 어떤 내용의 글일 것 같은가?

　ㄱ 투명인간이 된 주인공에 관한 이야
　　 기가 나올 것이다.

　ㄴ 옛날 사람들이 믿었던 귀신 이야기
　　 가 나올 것이다.

(2) 글에 제목을 붙인다면 어떤 게 어울릴까?

　ㄱ 앞이 안 보여요!　 ㄴ 내가 보이니?

3

이렇게
하시오~

(1) 어떤 상황인 것 같은가?

　ㄱ 젊은 농부가 노인에게 심하게 혼나
　　 고 있는 것 같다.

　ㄴ 젊은 농부가 노인에게 조언을 구하
　　 는 것 같다.

(2) 다음 중 글의 내용과 관련 있는 대사는 무엇일까?

　ㄱ "염소가 얼마나 비싼지 아시오?"

　ㄴ "어르신은 저에게 왜 이상한 조언을 하시나요?"

안녕?
나는 사다리 맨이야!

01

● 내 욕심을 채우려고 잘못된 방법을 쓴 적이 있나요?

옛날 어느 마을에 소금장수가 살고 있었습니다. 하루는 시장으로 가려고 산고개를 넘다가 커다란 참나무가 있어 아래에서 잠깐 눈을 붙였습니다.

그러던 중 갑자기 바스락 소리가 들려서 눈을 떠 보니 사마귀 한 마리가 슬금슬금 기어가고 있었습니다. 그런데 사마귀가 참나무 잎 하나를 자기 몸에 턱 붙이니 갑자기 사라져 안 보이는 것이었습니다! 신기해서 소금장수도 나뭇잎을 돌 위에 올려놓았더니 돌이 보이지 않는 거예요. 소금장수는 신기해하며 나뭇잎 하나를 주머니에 넣었습니다.

집으로 돌아온 소금장수는 나뭇잎을 이마에 붙이고 마당으로 나갔습니다. 가족의 눈에는 소금장수의 모습이 보이지 않았습니다.

그 뒤로 소금장수는 ㉠신기한 나뭇잎을 붙이고 있다가 노루나 멧돼지 같은 산짐승이 나타나면 쉽게 잡아 가죽과 고기를 팔아 부자가 되었습니다.

㉡소문을 들은 소금장수의 친구는 샘이 나서 소금장수에게 그 비결을 물었습니다. 친구는 묻고 물어 그 참나무를 찾아갔지만 그 어디에도 신기한 나뭇잎은 보이지 않았습니다. 그러나 친구는 참나무 잎을 수북하게 등에 지고 집으로 돌아왔습니다.

집으로 돌아온 친구는 몸에 나뭇잎을 붙이고 아들에게 자기 모습이 보이는지 안 보이는지 물었습니다. 반복되는 질문에 지친 아들은 하는 수 없이 아버지에게 안 보인다고 대답했습니다.

신이 난 친구는 나뭇잎을 붙이고 시장에 가서 다른 상인들의 돈을 몰래 훔치려고 했습니다. 한 가게에 들어가서 엽전을 한 움큼 집어서 나오는데, 주인에게 딱 걸렸지 뭐예요!

"네 이놈! 이게 뭐 하는 짓이냐!"

알고 보니 그 나뭇잎은 ㉢나쁜 마음을 가진 사람에게는 전혀 효과가 없는 것이었답니다.

아빠! 어디 있어요?

단어 뜻 보기

샘 자기보다 나은 사람 또는 자기가 가진 것보다 더 나은 것에 대한 시기, 질투

비결 남은 모르는, 자기만의 효과적인 방법

엽전 고려, 조선 시대에 만들어서 쓴 놋으로 만든 주화

1 왜 ㉠신기한 나뭇잎인지 알맞게 설명한 것을 고르시오.

① 나뭇잎을 붙이면 소금이 많이 생긴다.

② 나뭇잎을 붙이면 모습이 보이지 않는다.

③ 나뭇잎을 많이 모으면 부자가 될 수 있다.

④ 나뭇잎을 붙이면 산짐승과 친구가 될 수 있다.

2 밑줄 친 ㉡처럼 친구가 소금장수에게 물은 이유는 무엇일까?

① 신기한 나뭇잎을 구경하고 싶어서

② 자기도 친구처럼 부자가 되고 싶어서

③ 노루와 멧돼지를 많이 잡고 싶어서

④ 아들과 투명인간 놀이를 하고 싶어서

3 소금장수의 친구가 가졌던 ㉢나쁜 마음이 무엇인지 글에서 찾아 쓰시오.

다른 사람의 _____ 한 것

4 소금장수에 관한 설명 중 바른 것에는 O, 바르지 않은 것에는 ×를 표시하시오.

(1) 소금장수는 신기한 나뭇잎을 발견하고 집으로 가져왔다. ( )

(2) 소금장수의 가족 눈에는 나뭇잎을 붙인 소금장수가 보였다. ( )

(3) 소금장수는 나뭇잎을 붙이고 산짐승을 잡아 가죽을 팔았다. ( )

(4) 소금장수는 부자가 된 비밀을 친구에게 알려 주지 않았다. ( )

02

● 불행하다고 느낄 때 어떻게 하면 기뻐질 수 있을까요?

어떤 마을에 한 농부가 살고 있었습니다. 그는 매일 근심과 걱정을 안고 지냈습니다.

하루는 농부가 마을에서 가장 지혜로운 노인을 찾아가 하소연을 했습니다.

"어르신, 저는 정말 불행합니다. 집은 좁은데 아이들은 많고, 아내는 씀씀이가 커서 지금껏 모아 둔 돈도 별로 없습니다. 어떻게 해야 될까요?"

잠시 생각에 잠겨 있던 노인이 물었습니다.

"염소를 키우나요?"

"네. 열 마리 있습니다."

"그럼 염소를 집 안에 들여놓고 기르세요."

농부는 고개를 갸웃거리면서 집으로 돌아갔습니다. 다음날 농부는 더 어두워진 얼굴로 노인을 찾아왔습니다.

"어르신, 정말 너무 힘듭니다. 집은 더 좁아진 데다 염소 냄새가 너무 심해서 견딜 수가 없어요!"

"그렇군요. 그나저나, 닭도 기릅니까?"

"네, 키웁니다."

"닭도 전부 집으로 들여놓으세요."

농부는 또 고개를 갸웃거리며 돌아갔습니다.

이튿날 그는 다시 찾아와서는 화를 내며 말했습니다.

"어르신, 정말 더는 못 참겠어요. 어르신께 고민을 말씀드리고 해결책을 받으려고 왔는데, 어르신은 ㉠이상한 조언만 하셨어요! 말씀하신 대로 했더니 전 이 세상에서 가장 불행한 사람이 됐다고요!"

"그럼, 염소와 닭을 다 집 밖으로 내보내고 내일 다시 오세요."

다음날 농부는 신이 나서 노인을 찾아왔습니다.

"어르신! 전 이제 정말 행복합니다. ㉡우리집이 천국 같아졌어요!"

> 네?
>
> 기르는 닭과 염소를 집안에 들이시오.

단어 뜻 보기

하소연 억울하고 딱한 사정을 털어놓음

씀씀이 돈이나 물건을 쓰는 정도

1 노인이 농부에게 한 ㉠이상한 조언 두 가지를 쓰시오.

1. _____

2. _____

 2 농부가 밑줄 친 ㉡처럼 느끼게 된 이유는 무엇일까?

① 가축들이 새끼를 많이 낳아 부자가 되어서

② 아내의 씀씀이가 컸는데 절약하게 되어서

③ 아이들이 커서 멀리 공부하러 가게 되어서

④ 동물들을 내보내니 집이 넓어지고 냄새도 안 나서

 3 다음 중 농부의 심경 변화를 가장 잘 나타낸 것을 고르시오.

① 행복함 → 화가 남 → 슬픔

② 당황스러움 → 신남 → 불행함

③ 평안함 → 놀람 → 만족스러움

④ 불행함 → 화가 남 → 행복함

 4 다음 중 노인이 농부에게 알려 주고자 한 교훈은 무엇인가?

① 혼자서 문제를 해결하지 못할 때는 남의 도움을 받아야 한다.

② 현재 상황을 긍정적으로 보면 만족하게 된다.

③ 내가 기르는 동물을 진심으로 사랑하면 행복해진다.

④ 가족끼리 솔직한 대화를 통해 문제를 해결할 수 있다.

03

● 〈홍길동전〉을 읽어 본 적 있나요?

<가> 조선 세종 때 홍씨 성을 가진 재상이 있었습니다. 그에게는 '길동'이라는 이름의 매우 총명한 아들이 있었지만, 아쉽게도 그는 서자였습니다. 신분제도가 엄격했던 조선 시대에 서자였던 길동은 아버지를 아버지라고 부르지 못하고 형을 형이라 부르지 못했으며, 벼슬을 얻을 수도 없었습니다. 그럼에도 길동은 전법과 전술을 비롯하여 많은 분야의 책을 열심히 읽었고 밤낮으로 무술을 익혔습니다. 그러나 길동의 배다른 형제들은 총명하고 용맹한 길동을 질투하며 괴롭혔고, 결국 길동은 집을 떠났습니다.

<나> 집을 나온 길동은 도둑들의 소굴을 지나게 되었는데, 그 앞에 있는 커다란 바위를 들어 올리고 그들의 두목이 되었습니다. 길동은 무리의 이름을 '활빈당'이라고 짓고 조선 팔도를 두루 다녔습니다. 하루는 함경감사가 백성을 괴롭히고 옳지 않은 방법으로 재물을 빼앗았다는 것을 알고 관아에 쳐들어갔습니다. 홍길동은 주문을 외우고 분신술을 펼쳐 함경감사를 골탕 먹이고, 재물을 백성들에게 돌려주었습니다. 그리고는 "백성들에게 빼앗은 재물은 내가 가져간다. 나는 활빈당의 우두머리 홍길동이다!"라는 편지를 남기고, 귀신처럼 사라졌습니다. 이렇게 홍길동과 활빈당은 백성을 수탈하는 관리가 있는 고을들을 다니며 재물을 빼앗아 백성들에게 나누어 주었습니다.

<다> 이후 길동은 율도국이라는 섬나라로 가서 왕위에 올랐는데, 그 이후에 율도국은 오랫동안 태평성대를 누렸다고 합니다.

<라> 위의 내용은 허균이 쓴 우리나라 최초의 한글 소설인 〈홍길동전〉의 줄거리입니다. 당시 양반들은 한문으로 글을 썼던 시기였지만 〈홍길동전〉은 한글로 썼기 때문에 일반 백성들도 읽을 수 있었습니다. 사회의 잘못된 점을 비판하고, 모두가 행복하게 살아가는 나라를 그린 이 소설은 당시 힘들었던 백성들에게 새로운 세상에 대한 꿈을 꾸게 하였습니다.

우리는 활빈당~

단어 뜻 보기

재상 왕을 보필하던 최고 위치의 신하

서자 조선과 같은 신분제 사회에서 정식 부인이 아닌 부인에게서 얻은 자녀

소굴 도적 등의 무리가 근거지로 삼는 곳

관아 옛날에 관리들이 모여 나랏일을 처리하던 곳

수탈 식량이나 재물 등을 강제로 빼앗김

태평성대 나라에 큰 병이나 전쟁, 혼란 등이 없어 백성들이 편안한 생활을 누리는 시대

1 아래 설명에 해당하는 문단의 기호를 쓰시오.

(1) 소설의 줄거리를 말하는 문단을 모두 쓰시오. _____문단

(2) 주인공의 출생 배경을 설명하는 문단을 쓰시오. _____문단

(3) 소설의 지은이와 소설의 가치를 소개한 문단을 쓰시오. _____문단

2 빈칸을 채워 〈홍길동전〉에 관한 설명을 완성하시오.

- **지은이:** ( )
- **소설의 시대적 배경:** 조선 세종 때
- **소설의 주인공:** ( )
- **줄거리:** 양반의 자식이지만 서자로 태어났기에 벼슬을 얻을 수 없었던 주인공은 열심히 책을 읽고 ( )을 익힌 뒤, 집을 떠나 ( ) 이라고 이름 지은 무리를 이끌고 의적 활동을 함. 후에 ( )이라 는 섬나라의 왕이 되어 백성들은 편안한 시대를 누림.

3 다음 중 〈홍길동전〉의 가치에 관한 설명이 <u>아닌</u> 것은 무엇인가?

① 우리나라 최초의 한글 소설이다.

② 일반 백성들도 쉽게 읽을 수 있었다.

③ 백성들에게 새로운 세상을 꿈꾸게 하였다.

④ 양반들의 모습과 생활상이 자세히 담겼다.

4 다음 중 〈홍길동전〉의 지은이에 관해 추측할 수 <u>없는</u> 것은 무엇인가?

① 조선 시대 엄격한 신분질서 사회에서 서자로 태어났다.

② 모든 사람이 행복하게 살 수 있는 사회를 만들고 싶었다.

③ 〈홍길동전〉을 통해 사회의 잘못된 점을 비판하고 싶었다.

④ 자신이 하고 싶은 이야기를 일반 백성들과도 나누고 싶었다.

● 여러분은 크리스마스를 어떻게 보내나요?

'머리를 너무 짧게 잘랐나? 짐이 날 보고 안 예쁘다고 하면 어떡하지?'

짧은 머리의 여인이 거울에 비친 자신의 모습을 보며 걱정스레 중얼거렸다.

"머리는 금방 자랄 거야. 어쩔 수 없어. 짐에게 번듯한 선물을 사 주려면 돈이 필요했으니까."

그날은 크리스마스이브였다. 델라와 짐은 가난했지만 행복하게 살고 있는 부부였다. 이 부부에게는 두 가지 큰 자랑거리가 있었다. 하나는 아내인 델라의 길고 탐스러운 머리카락, 나머지 하나는 짐이 할아버지로부터 물려받은 금시계였다. 델라는 그런 머리카락을 잘라서 판 것이다. 사랑하는 남편 짐의 금시계에 어울리는 멋진 시곗줄을 사려고.

"낡은 가죽 줄을 떼고 이 시곗줄을 달면 훨씬 고급스럽고 멋져 보일 거야."

델라는 남편이 오기만을 기다렸다. 이윽고 아파트 계단을 올라오는 짐의 발소리가 들렸고 문이 열렸다. 그런데 델라를 본 순간, 짐은 벼락이라도 맞은 듯 놀란 표정으로 그 자리에서 움직이지 않았다.

"델라……. 당신, 머리카락을 자른 거요?"

"네, 잘랐어요. 왜요, 이상해요?"

"아……. 머리를 잘랐다고?"

짐은 넋이 나간 듯 아내의 짧은 머리를 바라보며 중얼거렸다. 그러다 울 것 같은 아내의 얼굴을 보고선 아내에게 작은 상자를 내밀었다.

"델라, 크리스마스 선물이오. 뭐가 들어 있는지 봐요."

델라는 상자를 열었다. 그 안에는 화려하고 예쁜 머리핀이 있는 게 아닌가! 예전 델라의 긴 머리에 딱 어울렸을 머리핀이었다.

"짐, 정말 고마워요. 지금 당장은 못 쓰지만, 내년 봄쯤에는 머리

단어 뜻 보기

번듯한 무엇에 꿀릴 것 없이 괜찮아 보이는 ⑩ 번듯하다

탐스러운 마음이 끌릴 만큼 보기에 좋은 ⑩ 탐스럽다

가 다시 길게 자랄 거예요. 그때 꼭 이 핀을 하고 다닐게요. 참! 짐, 나도 당신 선물을 준비했어요. 머리카락을 판 돈으로 당신 시계에 어울릴 시곗줄을 샀어요! 이제 그 낡은 가죽 시곗줄 때문에 시계 볼 때 부끄러워하지 않고 당당하게 꺼내서 보면 돼요. 잘 어울리는지 지금 달아 볼까요?"

짐은 부드럽게 미소 지으며 아내의 뺨을 어루만졌다.

"여보, 그럴 필요 없어요. 이 머리핀을 사려고 했는데 돈이 모자라서 난 시계를 팔았다오. 앞으로 열심히 돈을 모아서 당신이 사준 시곗줄에 어울리는 새 시계를 사야겠소. 그나저나, 배고픈데 우리 이제 멋진 크리스마스이브 저녁 식사를 할까요?"

㉠델라는 울음을 터트렸다. 그리고 둘은 서로의 손을 꼭 잡고 식탁으로 걸음을 옮겼다.

내용 파악하기 1 짐과 델라가 자랑스럽게 여긴 두 가지를 쓰시오.

1. _____

2. _____

원인과 결과 알기 2 각 사람이 한 행동과 그 행동을 한 이유를 선으로 알맞게 연결하시오.

(1) 델라 •   • 금시계를 팜   • 머리핀을 사려고

(2) 짐   •   • 긴 머리카락을 자름   • 시곗줄을 사려고

추론 하기 3 밑줄 친 ㉠처럼 델라가 울음을 터트린 이유로 가장 알맞은 것은 무엇일까?

① 예전부터 정말 갖고 싶어 하던 머리핀을 받았기 때문에

② 자신이 원하던 머리핀이 아닌 것을 짐이 사 와서

③ 머리핀에 어울리는 긴 머리카락을 잘라버렸기 때문에

④ 머리핀을 사려고 시계를 판 짐의 사랑에 감동받아서

글에 관한 설명 중 바른 것에는 ○, 바르지 <u>않은</u> 것에는 ×를 표시하시오.

(1) 짐과 델라는 부부이다. ( )

(2) 짐은 델라의 생일선물을 준비했다. ( )

(3) 델라는 짐에서 미리 말하고 머리카락을 잘랐다. ( )

(4) 짐의 시계에는 낡은 가죽 줄이 달려 있었다. ( )

다음 중 이 글의 주제는 무엇인가?

① 가족을 부양하기 위해 열심히 일하는 책임감

② 상대를 위해 나의 가장 좋은 것을 아낌없이 내주는 사랑

③ 어떤 일을 해도 상대가 실망하지 않을 것을 믿는 믿음

④ 가난해도 부끄러워하지 않고 생활하는 당당함

〈보기〉에서 고른 알맞은 낱말로 빈칸을 채워 글의 요약표를 완성하시오.

> **〈보기〉**
>
> | 돈 | 선물 | 금시계 | 크리스마스이브 |
> |---|---|---|---|
> | 시곗줄 | 긴 | 머리핀 | 머리카락 |

누가	델라와 짐은
언제	( )에
어디서	집에서
무엇을	서로를 위해 준비한 ( )을 주고받았다 – 델라는 짐을 위해 ( )을 샀다 – 짐은 델라를 위해 ( )을 샀다
어떻게	델라: ( )을 잘라서 팔았다 짐: 할아버지에게서 물려받은 ( )를 팔았다
왜	상대에게 주고 싶은 것을 사기에는 둘 다 ( )이 부족했기에

☆ 나만의 이야기 만들기 ☆

아래와 같은 상황이 닥친다면 여러분은 어떻게 할 것 같나요?
무엇을 할지 상상하며 그 뒷이야기를 써 봅시다.

1과 2과 3과 4과 5과 6과

	상황	뒷이야기
1	이마에 붙이면 사람이 보이지 않는 나뭇잎이 내게 있다면 나는 무엇을 할까?	
2	나는 지혜롭고 용감한 영웅이다. 백성들을 괴롭히고 옳지 않은 방법으로 재물을 빼앗는 관리가 있다는 것을 알게 되면 나는 어떻게 할까?	
3	자신의 현실에 만족하지 못하고 불평을 하는 사람이 내게 찾아오면 나는 어떤 조언을 줄까?	

◆ 예시 답안은 151쪽에 있습니다.

2과 바람직한 인성

뜻하지 않은 어려움을 겪어 힘들 때 누군가 옆에 있다는 것은
참 고마운 일입니다. 주변 사람들에게 작은 위로의 손길을 내
밀고 배려하는 마음을 갖도록 노력해 보세요. 내가 힘들 때에
도 분명히 힘이 되어 줄 거예요.

목표   다음 독해 기술을 이용해 봅시다.

- ✓ **낱말 이해하기**
- ✓ **가리키는 말 알기**
- ✓ **원인과 결과 알기**
- ✓ **내용 파악하기**
- ✓ **글감과 주제 알기**
- ✓ **적용하기**
- ✓ **추론하기**
- ○ 문단 이해하기
- ○ 요약하기

쓰레기는 쓰레기통에!

교과서 연계
- [3학년] 도덕 5단원 '함께 지키는 행복한 세상'
- [4학년] 도덕 2단원 '공손하고 다정하게'
- [5학년] 국어 4단원 '일에 대한 의견'

아래와 같은 상황에서 할 수 있는 바람직한 행동이 무엇일지 생각해 보고, 알맞은 것을 골라 봅시다.

상황1. 박물관으로 현장학습을 갔을 때

(ㄱ) 옛날 사람들의 생활상을 알게 되는 것은 좋지만, 사실 좀 지루해. 다른 친구들과 박물관 안에서 뛰어다니면서 재미있게 시간을 보내겠어.

(ㄴ) 박물관은 나 혼자만 이용하는 곳이 아니라 다른 사람들도 함께 이용하는 공간이니까, 친구들과는 되도록 떠들지 말고 조용히 관람해야겠어.

상황2. 공원에서 예쁜 꽃을 봤을 때

(ㄱ) 정말 예쁜 꽃이네! 꽃도 소중한 생명인데 함부로 꺾으면 안 되겠다. 그냥 사진만 찍어야지.

(ㄴ) 꽃이 너무 예쁘니까 집에 가서 엄마에게 보여 드리고 꽃병에 꽂아 놓아야겠어. 주인이 없는 거니까 내가 가져가도 되겠지?

상황3. 친구와 영화를 보러 영화관에 갔을 때

(ㄱ) 시끄러운 액션 영화니까 친구랑 좀 떠들어도 될 거야. 부모님께 연락 올지 모르니까 휴대폰 벨 소리를 켜 둔 상태로 영화를 봐야겠다.

(ㄴ) 휴대폰을 꺼놓지 않아서 영화 상영 중에 어디에서 연락이 오거나 친구와 큰 목소리로 떠들거나 앞사람 좌석을 발로 차면 다른 사람이 매우 불편할 거야. 조심해야겠다.

새로운 과를 시작하자!

01

● 내가 한 일이 다른 사람에게 큰 도움이 된 적 있나요?

어느 마을에 작은 배를 가진 사람이 있었습니다. 그는 해마다 가족과 함께 호수에 가서 배를 타고 즐겁게 지냈습니다. 어느 해 여름이 끝날 무렵, 그는 배 밑에 작은 구멍이 있는 것을 발견했습니다. 그러나 그는 나중에 수리하기로 하고 배를 창고에 넣은 다음 ㉠그 사실을 잊어버렸습니다.

이듬해 봄, 그는 사람을 불러 배에 페인트를 새로 칠하게 했습니다. 그리고 몇 주 뒤 그의 두 아들이 호수로 배를 끌고 나갔습니다. 몇 시간 지나지 않아 그는 배에 구멍이 나 있다는 것이 생각났습니다!

'배에 구멍이 나 있는데! 내가 배를 고치지 않았는데!'

그는 헐레벌떡 두 아들이 있는 호수로 뛰어갔습니다. 그런데 이게 웬일인가요? 그가 호수에 다다랐을 때 본 것은 웃고 떠들면서 배를 끌고 올라오는 두 아들이었습니다. 허겁지겁 두 아들을 끌어안은 후 배를 살펴봤는데, 배에는 아무 이상이 없지 않겠어요?

'설마 페인트공이 구멍을 막아 놓았나?'

그는 선물을 들고 페인트공에게 찾아갔고, 페인트공은 놀라서 물었습니다.

"어? 사장님, 오랜만입니다. 갑자기 왜 선물을 들고 오셨나요?"

"전에 저희 배를 칠할 때 배에 있던 작은 구멍을 막아 주셨죠?"

"네, 그랬지요. 별로 어려운 일도 아니었거든요. 그런데 혹시 무슨 문제가 생겼나요?"

"문제라뇨. 그 반대죠. 저는 배를 나중에 수리하려고 미뤄 두고서는 까맣게 잊었어요. 그때 사장님이 배를 고쳐 주지 않았다면 제 두 아들은 오늘 큰일 날 뻔했습니다. 사장님은 우리 가족에게는 정말 귀한 선물을 주셨어요."

여기 구멍이 있네…

단어 뜻 보기

이듬해 어떤 해의 다음에 오는 해

가리키는 말 알기 **1** 글의 밑줄 친 ㉠그 사실이 가리키는 것은 무엇인지 쓰시오.

| | 에 | | | 이 있어서 수리해야 한다는 것 |

내용 파악하기 **2** 페인트공이 한 일 두 가지를 고르시오.

① 배를 새로 칠했다.

② 배를 더 크게 만들었다.

③ 배에 이름을 지었다.

④ 배에 있던 구멍을 막았다.

추론 하기 **3** 다음 중 배 주인이 페인트공에게 선물을 준 이유는 무엇일까?

① 원하던 배를 페인트공이 새로 사 주었기 때문에

② 자기 대신 배를 겨울 동안 잘 보관해 주었기 때문에

③ 페인트공의 작은 선행으로 두 아들의 목숨을 구하게 되어서

④ 새것으로 보일 정도로 배에 페인트칠을 잘해 놓아서

글감과 주제 알기 **4** 이 글에서 중점적으로 말하고자 하는 바가 무엇인지 고르시오.

① 온 가족이 함께 지내는 시간이 많아야 한다.

② 배를 안전하게 타려면 평소에 관리를 잘해야 한다.

③ 작은 도움이라도 다른 사람에게 큰 도움이 될 수 있다.

④ 마음을 표현하는 올바른 방법은 선물을 주는 것이다.

02

● 119 구급대가 사이렌을 울릴 때 다른 차들은 어떻게 해야 할까요?

"정말 다행이다! 진짜 기적이네!"

뉴스를 보던 엄마가 기뻐하며 말했습니다.

"뭐가 기적이에요?"

엄마 옆에서 책을 읽던 나는 엄마에게 물었습니다.

"부산의 한 산후조리원에 있던 신생아가 갑자기 몸이 붓고 위급해져서 응급실로 가야 했대. 그렇지만 구급차가 도착하기까지 시간이 걸려서 아기 아빠 차로 병원으로 향하고 있었다는구나. (㉠) 마침 퇴근 시간이라 길이 꽉 막혔고, 설상가상 차는 터널을 통과해야 했어."

"터널을요? 퇴근 시간에 터널 안은 일반 도로보다 더 막히지 않아요?"

"그렇지. 그래서 아기 아빠는 급히 경찰에게 도움을 요청했고, 근처에 있던 경찰들이 119에 연락해 함께 현장에 도착해서 아기를 구급차에 옮겨 실었다고 해."

"구급차라고 해도 터널을 쉽게 빠져나오지 못할 것 같은데, 어떻게 했대요?"

"그래서 조금 전에 엄마가 기적이라고 말한 거야. (㉡) 믿기 힘든 일이 일어났거든. 구급차의 사이렌 소리를 들은 차들이 즉시 왼쪽과 오른쪽 갓길로 이동해 주어서 구급차는 그 사이로 지나갈 수 있었어. 아기는 금방 병원에 도착해서 제때 치료를 받았다는구나."

"와, 터널 안에 있던 모든 사람이 아기를 살린 거네요."

"그래. 이런 거 보면 우리나라 사람들의 시민의식이 높은 것 같아."

사이렌을 울리는 응급차가 지나갈 수 있게 도로 위의 차들이 양쪽 갓길로 쫙 갈리는 모습은 성경에 나오는 '모세의 기적' 같기도 합니다. 한 명 한 명의 작은 양보가 모여서 귀중한 한 생명을 구할 수 있다는 것을 기억하면 좋겠습니다.

단어 뜻 보기

신생아 갓난아이

설상가상 눈이 왔는데 그 위에 또 서리가 내린다는 뜻으로, 나쁜 일이 연달아 벌어질 때 쓰는 말

시민의식 사회 구성원들의 생활태도 또는 마음의 자세

글의 빈칸 ㉠과 ㉡에 들어갈 말이 알맞게 짝지어진 것을 고르시오.

① 그런데 ― 왜냐하면　　　② 그렇지만 ― 하지만

③ 그래서 ― 그리고　　　　④ 왜냐하면 ― 그러므로

 다음 중 '모세의 기적'이란 어떤 모습을 비유한 것인가?

① 썰물로 갯벌이 드러난 상태

② 파도가 높았다가 낮아진 상태

③ 응급차가 지나가도록 찻길을 열어 주는 것

④ 아픈 사람에게 치료를 받도록 해 주는 것

 글의 내용에 관한 설명 중 바른 것에는 ○, 바르지 않은 것에는 ×를 표시하시오.

(1) 건강에 이상이 생긴 신생아는 처음부터 구급차로 보내졌다.　　　(　　)

(2) 구급차의 사이렌 소리를 들은 차들은 갓길로 이동했다.　　　（　　)

(3) 시민들이 위급 상황에서 올바른 시민의식을 발휘해 주었다.　　　(　　)

(4) 길이 밀려서 아기는 병원에서 제때 치료받지 못했다.　　　(　　)

글감과 주제 알기 4 글을 읽은 뒤에 가질 알맞은 마음가짐은 다음 중 무엇인가?

① "설마 나 하나 때문에 무슨 문제가 생기겠어?"

② "안전을 위해 차를 천천히 몰아야 해."

③ "현대 사회에서 기적을 바라면 안 돼."

④ "작은 양보로 한 생명을 구할 수 있어."

03

● 층간소음을 겪어 본 적 있나요?

우리는 지난달 새 아파트로 이사를 왔습니다. 그런데 일주일도 채 되지 않아 관리실로부터 연락을 받았습니다.

"아랫집에서 층간 소음 때문에 힘들어한다고 하네요. 조심해 주시기 바랍니다."

나랑 동생이 거실에서 놀 때 쿵쿵거리는 소리가 시끄러워서 조심해 달라는 이야기였습니다. 그날 저녁부터 우리는 엄마가 사 오신 두꺼운 매트 위에서 놀았습니다.

그러던 어느 날 위층에서 쿵쿵 소리가 들렸습니다. '층간 소음이 이렇게 시끄러운 거구나' 하는 생각이 들었습니다. 엄마는 결국 관리실에 연락했습니다. 조금 뒤 관리실에서 우리 집으로 연락이 왔는데 이야기를 듣는 엄마의 표정이 당황스러운 듯 보였습니다.

"엄마, 왜요? 무슨 일이에요?"

"윗집 아저씨가 일하다 다리를 많이 다치셔서 목발을 짚고 계신 대. 목발이 익숙하지 않아서 움직일 때 그렇게 큰 소리가 나는지 모르셨다는구나."

너무 시끄러워~!

시끄러운 건 싫었지만, ㉠그런 사정이 있는 줄도 모르고 시끄럽다고 투덜댔던 게 죄송했습니다.

그날 저녁 윗집 아주머니께서 케익을 가지고 내려오셨습니다.

"매우 시끄러우셨죠? 죄송해요. 미리 말씀드렸어야 했는데. 앞으로 조심할게요. 조금만 양해해 주세요."

"다치신 분과 가족이 더 힘드시겠죠. 어서 나으시길 바라요."

한 달쯤 지나자 윗집에서 쿵쿵거리는 소리는 더 들리지 않았습니다.

요즘 아파트의 층간 소음이 큰 사회 문제가 되고 있다고 합니다. 이웃끼리 사정을 미리 말해 양해를 구하고, 서로 조심하는 것이 해결의 열쇠가 아닐까요?

단어 뜻 보기

양해 다른 사람의 사정을 헤아리고 이해해 줌

사정 일의 까닭 또는 그렇게 된 형편

1 아래 주어진 뜻이 설명하는 낱말을 글에서 찾아 쓰시오.

> [뜻] 아파트나 빌라처럼 여러 집이 사는 곳에서 사람들의 활동 때문에
> 발생하는 시끄러운 소리

_____

2 글의 밑줄 친 ㉠그런 사정은 무엇을 가리키는가?

① 가족이 새 아파트로 이사 와서 청소가 덜 끝난 것

② 거실에서 뛰놀고 장난감을 떨어트려서 시끄럽다는 것

③ 아저씨가 다리를 다쳐서 목발을 짚고 다녀야 하는 것

④ 위층 아주머니는 낮에 일하러 나가신다는 것

3 글에 관한 설명으로 바른 것에는 ○, 바르지 않은 것에는 ×를 표시하시오.

(1) 글쓴이의 가족은 새 아파트로 이사왔다.　　　　　　　　　(　　)

(2) 아랫집 아주머니가 글쓴이 집에 항의하러 올라왔다.　　　(　　)

(3) 글쓴이 가족은 윗집, 아랫집의 사정을 잘 알고 있었다.　　(　　)

(4) 글쓴이와 동생이 뛰노는 소리 때문에 윗집에서 시끄러워했다.　(　　)

4 글쓴이는 글에서 다루는 문제를 해결하려면 이웃 간에 무엇이 필요하다고 하는가?

① 단독 주택으로 이사　　　　　② 서로 간의 이해와 조심

③ 일방적인 인내와 양보　　　　④ 정확한 소음 진단

● 장애인에 대한 올바른 배려는 무엇일까요?

　며칠 전 삼촌과 피자가게에 갔을 때의 일이다. 휠체어를 탄 아저씨와 엘리베이터를 같이 탔는데, 마침 그 아저씨도 같은 층에 내리셨다. 나는 아저씨를 도우려고 문이 열리자 힘껏 휠체어를 밀어드렸다. 아저씨는 "어이쿠!" 하시며 뒤를 돌아보시고는 "학생, 고마워!"라고 말씀하셨다.

　나는 착한 일을 했다는 뿌듯한 마음을 갖고 식당에 들어갔다. 그런데 주문한 피자가 나오기를 기다리는데 삼촌이 말씀하셨다.

　"연준아, 아까 엘리베이터에서 한 행동은 조금 생각해 봐야 할 것 같아. 연준이가 갑자기 휠체어를 밀어서 아저씨가 깜짝 놀라신 것 같더라."

　"제가 뭘 잘못했나요? 저는 아저씨를 도우려고 했던 건데요."

　"잘못했다는 게 아니라, 아저씨께 먼저 물어보는 게 더 좋았을 것 같다는 얘기야. 연준아, 우리나라 피겨 스케이트 국가대표였던 김연아 선수 알지? 김연아 선수가 유엔에서 주최한 '세계평화의 날' 행사에 참여한 일이 있었어. 김연아 선수 옆에 시각 장애인이면서 세계적으로 유명한 가수 스티비 원더가 앉았지. 스티비 원더가 발언을 하려고 했는데 마이크가 켜지지 않는 거야. ㉠그때 김연아 선수는 마이크 전원 버튼에 손을 대고는 망설였어. 보통은 바로 마이크 전원 버튼을 눌렀겠지. (　　㉡　　) 김연아 선수는 상대방이 동의하지 않은 상태에서 돕는 것은 예의에 어긋나는 일이라고 생각했대. 김연아 선수는 뒤에 있던 스티비 원더의 비서에게 동의를 구했고, 그 상황을 전해 들은 스티비 원더가 비서를 통해 괜찮다고 말하고 나서야 김연아 선수는 마이크 버튼을 눌러 주었어."

　"그렇군요. 내가 생각했을 때 상대방에게 좋을 것 같은 일을 하는 게 아니라, 상대방이 무엇을 원하는지 그 의향을 먼

제가 도와드릴게요~

저 묻는 배려가 중요하겠네요."

그날 삼촌과 이야기를 하면서 장애인에게 내미는 무조건적인 배려나 도움이 오히려 상대방에게 불편한 마음을 갖게 할 수도 있다는 것을 알게 되었고, 장애인을 도울 때 앞으로 더 세심하게 배려해야겠다고 결심했다.

 1 다음 중 엘리베이터에서 연준이가 한 일은 무엇인가?

① 휠체어가 움직이지 않게 잡아 주었다.

② 아저씨를 위해 엘리베이터 버튼을 눌러 주었다.

③ 휠체어가 엘리베이터에 들어오기 쉽게 비켜 주었다.

④ 아저씨의 휠체어를 뒤에서 밀어주었다.

 2 다음 중 세계평화의 날에 있었던 일이 <u>아닌</u> 것은 무엇인가?

① 김연아 선수와 가수 스티비 원더가 참여했다.

② 스티비 원더가 발언하려고 할 때 마이크가 켜지지 않았다.

③ 김연아 선수는 곧바로 스티비 원더를 도와주었다.

④ 스티비 원더의 허락을 받고 김연아 선수가 마이크를 켜 주었다.

3 김연아 선수가 밑줄 친 ㉠처럼 행동했던 이유는 무엇이었는가?

① 스티비 원더의 마이크 전원 버튼이 어디에 있는지 잘 몰라서

② 스티비 원더의 비서가 김연아 선수의 도움을 거절했기 때문에

③ 상대가 요구하지 않은 도움을 주는 행동이 무례할 수 있다는 생각에

④ 발언이 길어지자 주최 측으로부터 대신 끊어달라는 요청을 받아서

4 글의 빈칸 ⓒ에 들어갈 말로 가장 알맞은 것을 고르시오.

① 따라서　　　　　　　　　② 왜냐하면

③ 그리고　　　　　　　　　④ 하지만

 5 장애인을 대할 때 특히 무엇이 필요한지 글에서 찾아 쓰시오.

상대방의 ☐☐ 을 먼저 묻는 ☐☐ 가 필요하다.

6 다음 중 글의 교훈에 따라 행동한 친구는 누구인가?

① 진희: 큰 짐을 들고 지하철 계단을 오르시는 할머니를 봤는데, 짐이 무거 워 보여서 내가 그냥 짐을 뺏어서 들고 계단 위까지 올라갔어.

② 정진: 휠체어를 탄 사람이 편하게 엘리베이터를 이용할 수 있게 비록 내가 먼저 엘리베이터에 탔지만 그냥 내렸어.

③ 아름: 아파트 엘리베이터에 같이 탄 시각장애인분께 원하시는 층수 버튼 을 대신 눌러드려도 되겠냐고 먼저 물어봤어.

④ 성재: 김연아 선수처럼 나도 한 분야에서 최고로 인정받고 싶어서 목표를 세워 열심히 노력하고 있어.

☆ 나만의 이야기 만들기 ☆

아래의 상황에서 나라면 어떻게 생각하거나 행동할 것 같나요?
〈보기〉 상자에서 내가 할 것 같은 선택지를 고르고 그 이유를 적어 봅시다.

1. 공부 잘하는 짝꿍이 시험에서 또 백 점을 받았을 때

〈보기〉

(가) 지연이에게 축하한다고 말하고 어떻게 공부하는지 물어 봐야겠다. 나도 조금 더 열심히 노력해야겠어.

(나) 지연이는 공부만 하는 것 같아. 초등학생 때 아니면 별로 놀 시간도 없는데 공부만 하는 건 재미없어. 저렇게 재미없 는 애랑은 같이 안 놀래.

(다) 지연이는 다른 건 잘하는 게 없으니 공부라도 잘해서 선생님께 칭찬받으 려는 것 같아. 난 다른 걸 잘하니까 내가 더 훌륭해.

★나의 선택과 그 이유: ....
....

2. 친구와 의견이 맞지 않아 서로 크게 싸웠을 때

〈보기〉

(가) 내 생각이 잘못되었을 리가 없어. 친구와 다시 만나서 어떻게든 내 의견이 바르다고 설득해야겠어.

(나) 친구와 나는 생각이 다르므로 의견 차이가 있을 수 있지. 친구에게 연락해 서 다시 한번 대화의 시간을 가져야겠다.

(다) 아무리 생각해도 분이 안 풀려! 다른 친구들에게 왜 싸웠는지 말하면서 내 편을 많이 만들어야겠어.

★나의 선택과 그 이유: ....
....

◆ 예시 답안은 153쪽에 있습니다.

3과 생활과 문화

우리가 안전하게 생활하기 위해 가정에서 조심하고 지켜야 할 것으로 무엇이 있을지 찾아봅시다. 또한 민주사회를 살아가는 데 있어서 꼭 필요한 마음가짐을 배우고, 우리 전통문화를 깊게 이해하는 성숙함 또한 갖추도록 합시다.

목표 다음 독해 기술을 이용해 봅시다.

- ✔ 낱말 이해하기
- ✔ 가리키는 말 알기
- ✔ 원인과 결과 알기
- ✔ 내용 파악하기
- ✔ 글감과 주제 알기
- ✔ 적용하기
- ✔ 추론하기
- ✔ 문단 이해하기
- ✔ 요약하기

교과서 연계
- [3학년 2학기] 사회 2단원 '달라지는 생활 모습'
- [4학년 2학기] 사회 2단원 '사회 변화와 우리의 생활'
- [4학년 1학기] 사회 1단원 '민주주의와 주민 자치'

문화가 서로 다르네요~

소화기를 어떻게 사용해야 하는지 알고 있나요? 다음 그림은 소화기 사용법을 순서대로 나열한 것입니다. 알맞은 내용을 〈보기〉에서 찾아 그림 밑에 기호를 써 봅시다.

① 불이 난 곳으로 소화기를 옮긴다.

②

③

④

⑤

⑥ 좌 우 위 아래

〈보기〉

(가) 손잡이를 힘껏 움켜쥔다.

(나) 소화기의 호스를 통에서 떼어낸다.

(다) 호스를 불이 나는 방향으로 향하게 한다.

(라) 손잡이 부분의 안전핀을 뗀다.

(마) 호스를 위아래 또는 좌우로 움직이며 불을 끈다.

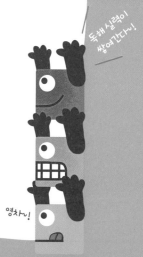

독해 실력이 쌓여간다~!

영차~!

83

01

● 하회탈, 각시탈 등 우리나라의 전통 탈을 직접 본 적 있나요?

탈춤은 조선 후기의 민중 예술을 대표하는 문화로, 노래와 춤, 연극, 의상 등 여러 면이 어우러져 완성되는 종합 예술입니다. 여러분이 아는 탈춤에는 무엇이 있나요? 하회탈춤, 봉산탈춤은 많이 들어보았을 거예요. 하회탈춤은 마을굿을 할 때 추던 것이고, 봉산탈춤은 시장에서 공연되었습니다.

원래 탈춤은 궁 안에서 큰 행사가 열렸을 때 흥을 돋우기 위해 광대들이 추던 춤이었습니다. 그런데 조선 시대에 와서 궁에서 탈춤 공연을 하지 않게 되자 광대들은 궁 밖으로 흩어졌습니다. 그들은 전국을 다니며 시장 등 일반 백성이 모이는 곳에서 양반에 대한 풍자, 승려에 대한 조롱뿐 아니라 부부 갈등 같은 백성들의 고단한 삶을 묘사하는 탈춤도 추었습니다.

탈춤에는 다양한 인물들이 등장합니다. 양반의 종이지만 주인공인 말뚝이부터 승려, 무당, 떠돌이 한량, 백정 등 다양한 계층의 사람은 물론, 원숭이, 사자 등 동물도 나옵니다. 각자의 입장에서 세상의 불합리한 점들을 비웃고 재치 있게 비판하기 때문에 보는 사람들은 속이 후련해지고 함께 울고 웃으며 스트레스를 풀 수 있었습니다. 이것이 탈춤이 일반 백성들의 삶 속에 녹아 들어가 소중한 민중 예술이 될 수 있었던 이유이지요.

단어 뜻 보기

민중 예술 특권계층을 위한 것이 아니라 일반 민중을 위한 예술

풍자 사회와 인간의 잘못, 모순 등을 빗대어 비웃으며 비판하는 것

갈등 개인이나 집단에서 의견이나 정서가 심하게 충돌하는 현상

한량 그저 놀고먹는 말단 양반 계층

계층 사회적 지위와 역할에 따라 구분되는 사람들 부류

불합리 이론이나 상식에 합당하지 않음

1 '탈춤'의 뜻을 글에서 찾아 쓰시오.

_____

_____

 2 다음 중 탈춤에 담긴 내용이 <u>아닌</u> 것은 무엇인가?

① 왕에 대한 감사

② 아내와 남편 간의 갈등

③ 백성들의 고단한 삶

④ 양반에 대한 풍자

 3 탈춤에 관한 설명으로 알맞지 <u>않은</u> 것을 고르시오.

① 원래는 궁 안에서 광대들이 추던 춤이다.

② 시장 등 전국 각지를 다니며 공연했다.

③ 궁에서 탈춤 공연을 계속 지원했다.

④ 궁중에 큰 행사가 열렸을 때 공연했다.

 4 탈춤이 조선 후기 대표적인 민중 예술이 될 수 있었던 이유를 찾아 쓰시오.

_____

_____

_____

02

● 학급회의 때 세운 생활 목표를 잘 지켰나요?

회장 지금부터 제 2회 학급 회의를 시작하겠습니다. 지난주 생활 목표는 '친구와 가족에게 바른말 쓰기'였습니다. 잘 지켰나요?

우성 잘 지켰다고 생각합니다. 저를 포함해 우리 반 친구들 대부분이 말할 때 욕을 쓰지 않았습니다.

진희 저도 잘 지켰다고 생각합니다. 매일 부모님께 감사하다고 말했고, 교실에서도 욕을 하는 친구들이 거의 없었습니다.

회장 그렇군요. 앞으로도 잘 지켜 주시기 바랍니다. 오늘은 이번 달 학급 내 역할 분담을 하겠습니다. 자기가 맡고 싶은 역할을 정해서 '우리 학급 1인 1역 판'의 해당하는 칸에 이름을 써 주시기 바랍니다. 그럼 지난달에 맡은 역할을 하면서 어땠는지, 이번 달에는 무엇을 맡고 싶은지 몇 사람이 이야기해 볼까요?

민수 지난달에 저와 선아가 '시간 알리미'를 했는데, 제가 가끔 시간을 제대로 못 맞춰서 선아가 조금 힘들었을 것 같습니다. 그래서 이번 달에 한 번 더 하고 싶습니다.

선아 저도 또 하겠습니다. 그런데 두 명만으로는 조금 어려운 것 같습니다. 한 명 더 같이하면 좋을 것 같아요.

정선 저는 이번에 학급문고 정리를 해 보고 싶습니다. 지난달에 맡았던 분리배출 담당도 좋지만, 학급문고를 정리하면서 책을 더 읽고 싶습니다.

주영 저는 '시간표 알리미'를 다시 하겠습니다. 제가 실수로 전날 시간표를 그대로 놔둔 적이 몇 번 있었는데, 이번 달에는 책임지고 잘하겠습니다.

회장 소중한 의견 감사합니다. 모두 이번 달에 자기가 무엇을 맡을지 정하셨죠? 앞으로 한 달 동안 자기가 맡은 일에 최선을 다해 주십시오. 이상으로 학급 회의를 마치겠습니다.

단어 뜻 보기

분담 역할이나 비용을 나누어서 맡음

담당 어떤 일을 맡아서 진행하거나 관리하는 것

1 다음 중 학급 회의 주제는 무엇인가?

① 친구와 가족에게 바른말 쓰기   ② 학급 내 역할 분담 정하기

③ 수업시간 잘 지키기   ④ 시간표를 제시간에 바꾸기

2 회의 내용에 관한 설명 중 바른 것에는 ○, 바르지 않은 것에는 ×를 표시하시오.

(1) '시간 알리미'였던 선아가 시간을 잘 못 맞추었다.   (   )

(2) 우성이는 친구들에게 바른말을 쓰도록 권하는 역할이었다.   (   )

(3) 민수는 지난달에 이어 '시간 알리미'를 계속하고 싶어한다.   (   )

(4) '시간표 알리미'를 맡은 친구가 역할을 잘 수행하지 못했다.   (   )

3 이번 달 '우리 학급 1인 1역 판'의 칸에 해당하는 친구의 이름을 각각 쓰시오.

우리 학급 1인 1역		
시간 알리미	학급문고 정리	시간표 알리미

4 학급 내 역할을 잘 담당하기 위해 글에서 가장 강조하는 마음가짐은 무엇일까?

① 최선을 다하겠다는 책임감

② 남을 먼저 생각하는 배려심

③ 짝과 힘을 모으는 협동심

④ 내가 할 수 있다는 믿음

03

● 집에 가정용 소화기가 있나요?

우리집의 안전을 지키기 위한 기본적인 생활 규칙으로는 어떤 것이 있을까요?

가장 먼저 화재 대비를 해야 합니다. ㉠집에 소화기가 없다면 가정용 소화기를 꼭 한 대 비치해 두세요. 일반 소화기 외에도 요즘은 던지는 소화기도 있어서, 노인이나 어린이들도 쉽게 쓸 수 있습니다. ㉡만약의 사태가 발생했을 때 당황하지 말고 초기에 불을 끌 수 있게 소화기 사용법도 잘 알아두어야 합니다. 또한 불이 났을 때 바로 대피할 수 있게 대피 공간의 위치를 미리 파악하고 있어야 합니다. 그리고 대피 공간 주변에 크고 무거운 물건이나 짐을 쌓아 두지 않아야겠죠.

㉢가스 점검에도 주의를 기울여야 합니다. 요즘은 전기로 작동하는 조리 기구를 쓰는 가정이 늘었지만, 여전히 많은 가정에서는 가스레인지를 쓰고 있습니다. 가스레인지를 쓸 때는 불 위에 음식물을 올려 둔 채 멀리 가지 말고, 조리가 끝나면 바로 가스레인지 불을 꺼야 합니다. 그리고 가스레인지 사용 후에는 가스가 새지 않도록 가스 밸브를 꼭 잠가야 합니다. 가끔씩 밸브 주변에 비눗물을 바르고 밸브를 열어 보세요. 보글보글 거품이 나면 가스가 새고 있다는 신호이므로 이때는 빨리 전문가를 불러 도움을 받아야 합니다.

㉣이렇듯 작은 관심과 철저한 대비를 통해 집에서 안전하게 생활할 수 있다는 것을 기억해야 합니다.

단어 뜻 보기

비치 마련하여 갖추어 둠
사태 일이 되어가는 형편 또는 상황
점검 샅샅이 검사하는 것

88

내용 파악하기 ★★ 1 집에서 할 수 있는 화재 대비법으로 알맞지 <u>않은</u> 것은 무엇인가?

① 소화기를 비치하고 사용법을 미리 알아둔다.

② 약한 불에 음식을 조리하면 자리를 비워도 괜찮다.

③ 화재 대피 공간에 짐 등을 쌓아두지 않는다.

④ 화재 대피 공간이 어디에 있는지 파악해 둔다.

적용 하기 ★★ 2 평소에 가스레인지에서 가스가 새고 있는지 확인하려면 어떻게 하면 될까?

① 가스레인지에서 불이 나오는 쪽에 코를 대고 냄새를 맡는다.

② 가스 밸브 쪽에 성냥을 갖다 대서 성냥에 불이 붙는지 본다.

③ 가스 밸브 주변에 비눗물을 바른 뒤 거품이 나는지 본다.

④ 가스 밸브를 잠근 후에 가스레인지의 불을 세게 틀어 본다.

요약 하기 ★★ 3 〈보기〉에서 고른 알맞은 낱말로 빈칸을 채워 글을 요약하시오.

> **〈보기〉**
>
> 가스   소화기   안전   대피   화재   밸브   비눗물

집의 (   )을 지키기 위해서 관심을 기울이고 철저하게 준비해야 할 것이 두 가지 있습니다. 바로 (   ) 대비와 (   ) 점검입니다. 집에 가정용 (   ) 한 대는 꼭 갖추어 두고 그 사용법도 알아 두어야 합니다. 또한 불이 났을 때 피해 있을 (   ) 공간도 미리 알고 있어야 합니다. 가스레인지를 사용하고 난 뒤에는 가스 (   )를 꼭 잠가서 가스가 새지 않게 해야 합니다. 가끔씩 밸브 주위에 (   )을 발라서 가스가 새고 있지 않은지 확인해 보세요.

글감과 주제 알기 ★★★ 4 ㉠~㉣ 중 글쓴이가 전달하려고 하는 바가 담긴 문장을 고르시오.

① ㉠   ② ㉡   ③ ㉢   ④ ㉣

04

● 온돌의 원리를 알고 있나요?

　겨울에 시골 할머니 댁에 놀러 가면 방 아랫목에서 밥을 꺼내 주신다. 할머니 집 방바닥은 엄청 뜨거워서 그냥 앉았다가 델 뻔한 적도 있다. 학교에서 온돌에 대해 배웠지만, 더 알고 싶어서 온돌에 관해 큰아버지께 여쭤보았다.

　"온돌은 아궁이에 불을 땠을 때 발생한 열이 아궁이와 방 아래로 연결된 통로를 지나가면서 방바닥 전체를 데우는 장치란다. 방바닥에 깔린 돌, 그걸 구들장이라고 하는데, 구들장 온도가 높아지면서 생긴 열이 공기로 전달되면서 방 안이 따뜻해지는 원리지."

　"그래서 방바닥이 뜨거운 거군요?"

　"그래. 온돌은 고장도 잘 나지 않고 연료비도 적게 드는 장점이 있어. 추운 데 있다가 방에 들어가서 발바닥이 따뜻해지면 온몸이 금방 따뜻해지잖아? 하지만 방바닥부터 데워지기 때문에 방 전체 공기가 따뜻해지기까지는 시간이 조금 걸리는 건 단점으로 볼 수 있지."

　"그러게요. 큰아버지, 온돌은 우리나라에서만 사용하나요?"

　"온돌은 고구려 이전부터 우리나라에서 쓰던 독창적인 난방 방식이지만, 우리의 영향을 받아서 몽골도 게르 바닥에 온돌을 응용해서 설치하기도 했다는구나. 또 요즘은 서양 여러 나라에서도 집을 지을 때 온돌을 응용한 난방 방식을 쓰기도 한대."

　"그렇군요. 요새는 나무를 땔감으로 썼던 전통 방식의 온돌이 아니라 개량한 온돌을 쓰고 있다고 학교에서 배웠어요. 보일러관을 바닥에 설치해서 온수로 바닥을 데우는 방식으로 난방을 한다고요."

　"진희가 학교에서 제대로 배웠네! 그럼 이제 아랫목에서 고구마를 꺼내 먹을까?"

단어 뜻 보기

아궁이 방에 불을 넣거나 솥에 불을 지피기 위해 만든 구멍

아랫목 밖의 아궁이에 가까운 온돌방의 방바닥

땠을 아궁이에 불을 지피어 타게 할(燃) 때다

독창적인 새롭게 생각하거나 만들어 내서 비교할 다른 대상이 없는

응용 이론이나 지식을 다른 분야나 사례에 적용해서 사용함

땔감 불을 땔 때 쓰는 나무나 종이 등

개량 성능, 기능, 형태 등을 고쳐서 더 좋게 함

구들장

아궁이

낱말 이해하기 1 아래 주어진 뜻이 설명하는 낱말을 글에서 찾아 쓰시오.

[뜻] 온돌의 구조 중 방바닥에 깔린 돌

_____

내용 파악하기 2 온돌의 정의와 원리에 관한 설명의 빈칸을 채우시오.

온돌은 아궁이에서 불을 땠을 때 발생한 (   )이 아궁이와
방 아래로 연결된 통로를 지나 (   ) 전체를 (   )
장치로, 방바닥에 깔린 돌 온도가 높아지면서 생긴 열이 (   )
로 전달되어 방 안이 (   )해진다.

내용 파악하기 3 온돌의 장점과 단점을 글에서 찾아 쓰시오.

· 장점: 1._____

2._____

· 단점: _____

내용 파악하기 4 온돌에 관한 설명 중 바른 것을 고르시오.

① 아직 서양에는 온돌이 알려지지 않았다.

② 한국에서는 개량된 온돌을 쓰지 않는다.

③ 온돌은 우리의 독창적인 난방 방식이다.

④ 몽골의 영향을 받아 한국의 온돌이 만들어졌다.

● 우리나라의 관혼상제 의식을 알고 있나요?

〈가〉 통과의례란 사람이 태어나서 죽을 때까지 사는 동안 거치는 탄생, 성년, 결혼, 장례 등을 치르는 의식을 말합니다. 지금처럼 만 20세가 성년이 될 때 치르는 의식을 관례, 결혼식은 혼례, 사람이 죽어 상중에 행하는 모든 의식을 상례, 돌아가신 조상들에게 제사를 지내는 것을 제례라고 하며, 이것들을 합쳐서 '관혼상제'라고 부릅니다. 우리나라의 관혼상제 의식은 어떠했을까요?

〈나〉 먼저 관례란 어른이 되었다는 것을 인정하는 유교 사회의 성년식입니다. 보통 15세에서 20세 사이에 했는데, 남자는 상투를 틀고 여자는 비녀를 꽂았습니다. 일부 지역에서는 성인이 된 남자들이 미리 정해 놓은 돌을 들어 올리게 하는 '들돌 들기'를 하기도 했습니다.

〈다〉 혼례란 남자와 여자가 가정을 이루는 의식으로, 예전에는 저녁에 혼례를 올렸다고 합니다. 신랑 집에 온 신부는 시댁 식구들에게 인사를 드리고 덕담을 들었는데, 이를 '폐백'이라고 합니다.

〈라〉 상례란 죽은 사람에 대한 슬픔을 표현하는 의식으로, 화장을 하기도 했지만 보통은 죽은 사람을 관에 넣고 땅에 묻었습니다. 상여를 매고 장지에 가는 길에는 많은 사람이 함께하며 슬픔을 나누었지요.

〈마〉 제례는 조상에게 감사하는 마음으로 그들의 넋을 기리는 의식입니다. 예로부터 우리나라에서는 조상이 보살펴 주기 때문에 잘 살게 되는 것이라고 믿고 제사를 정성스럽게 지냈습니다. 어느 지역이든 제사상에는 공통으로 올라가는 음식이 있기는 하지만, 지역에 따라 특산물이나 생전에 고인이 좋아했던 음식을 올리기도 합니다.

〈바〉 시대가 변하면서 관혼상제의 형식도 달라지고 있습니다. 그렇지만 인생에서 중요한 순간들을 축하하고 조상을 기리는 마음은 변하지 않는 것 같습니다.

단어 뜻 보기

성년 법적인 권리를 행사할 수 있고 한 사회의 성인으로 인정받는 나이

의식 어떤 행사를 치르는 절차와 격식

화장 사람의 시체를 불로 태워 치르는 장례

상여 사람의 시체를 묘지까지 실어서 나르는 용구

장지 죽은 사람을 묻을 땅

넋 사람의 몸에 깃들어 몸과 정신을 다스리는 비물질적 존재

고인 죽은 사람을 높여 부르는 말

1 '사람이 태어나서 죽을 때까지 사는 동안 거치는 성년, 결혼, 장례 등을 치르는 의식'을 무엇이라고 하는지 글에서 찾아 쓰시오.

 2 아래 설명에 해당하는 의식의 이름을 〈보기〉에서 골라 빈칸에 쓰시오.

〈보기〉

혼례	제례	관례	상례

(1) 남자와 여자가 가정을 이루는 의식   _____

(2) 조상에게 감사를 표하고 넋을 기리는 의식   _____

(3) 어른이 되었다는 것을 인정하는 성년식   _____

(4) 죽은 사람을 장례 치르며 슬퍼하는 의식   _____

3 다음 중 글의 내용에 관한 설명으로 알맞은 것은 무엇인가?

① 시간이 흘렀어도 관혼상제 의식의 형태는 변함이 없다.

② 우리나라 제사상에는 올리는 음식은 모든 지역이 똑같다.

③ 우리나라에서는 보통 혼례를 다른 의식보다 더 크고 정중하게 행했다.

④ 우리나라는 어른이 된 표시로 남자는 상투를 틀고 여자는 비녀를 꽂았다.

아래 설명에 해당하는 문단의 기호를 쓰시오.

(1) 관혼상제의 뜻을 설명하는 문단 _____문단

(2) 우리나라의 혼례에 관해 설명하는 문단 _____문단

(3) 우리나라의 상례에 관해 설명하는 문단 _____문단

(4) 우리나라의 관례에 관해 설명하는 문단 _____문단

(5) 우리나라의 제례에 관해 설명하는 문단 _____문단

요약 하기 5 ★★★ 〈보기〉에서 알맞은 낱말을 골라 글의 요약표를 완성하시오.

〈보기〉

제사	성년	고인	비녀	슬픔	조상	덕담
상투	가정	폐백	제사상	감사	관혼상제	

(   )란?

• 뜻: 관례, 혼례, 상례, 제례를 합쳐서 쓰는 말

• 관례: (   )이 되었을 때 치르는 의식

　　　－남자는 (   )를 틀고, 여자는 (   )를 꽂음

• 혼례: 남자와 여자가 (   )을 이루는 의식

　　　－ (   )을 함: 신부가 시댁 식구에게 인사를 드리고

　　　　 (   )을 들음

• 상례: (   )에 대한 (   )을 표현하는 의식

• 제례: (   )를 지내며 (   )의 넋을 기리고 (   )

　　　를 표현하는 의식

　　　－ (   )에 올리는 음식: 기본적으로 정해져 있었지만,

　　　지역의 특산물이나 죽은 사람이 좋아하던 음식을 올리기도 함

✪ 나만의 이야기 만들기 ✪

우리 주변에는 우리의 안전을 위협하는 것들이 많습니다.
아래의 상황을 대비해 여러분 가정에서는 어떤 준비를 하고 있는지 써 봅시다.

1. 화재

★ 이렇게 준비하고 있어요

1. ....

2. ....

3. ....

2. 장마와 홍수

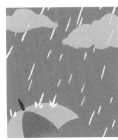

★ 이렇게 준비하고 있어요

1. ....

2. ....

3. ....

3. 태풍

★ 이렇게 준비하고 있어요

1. ....

2. ....

3. ....

4. 폭설

★ 이렇게 준비하고 있어요

1. ....

2. ....

3. ....

◆ 예시 답안은 157쪽에 있습니다.

4과 사회와 세계

사람을 한자로 人이라고 씁니다. 사람과 사람이 서로 기대어 있는 모습을 본뜬 글자라고 하죠. 우리는 다른 사람들과 도움을 주고받으며 이 세상을 살아갑니다. 이런 작은 관계들이 모여 모든 이가 함께하는 아름다운 세상이 되는 것이죠. 여러분도 멋진 사회를 만들기 위해 작은 일부터 실천해 보면 어떨까요?

목표 다음 독해 기술을 이용해 봅시다.

- ☑ **낱말 이해하기**
- ☑ **가리키는 말 알기**
- ☑ **원인과 결과 알기**
- ☑ **내용 파악하기**
- ☑ **글감과 주제 알기**
- ☑ **적용하기**
- ☑ **추론하기**
- ☑ **문단 이해하기**
- ☑ **요약하기**

교과서 연계
- [4학년 1학기] 국어 4단원 '일에 대한 의견'
- [4학년 1학기] 국어 8단원 '이런 제안 어때요'
- [4학년] 도덕 6단원 '함께 꿈꾸는 무지개 세상'

우리는 하나!

전 세계에 걸쳐 모든 사회는 크고 작은 문제들을 갖고 있습니다. 그 중에서 아래와 같은 문제가 일어나는 원인과 적절한 해결 방법을 선으로 연결해 봅시다.

1 어린이 노동

2 남녀 차별

3 물 부족과 기아

(ㄱ)

(ㄴ)

(ㄷ)

원인

| 기후 변화로 인한 가뭄 | 가난, 교육받을 기회 없음 | 성에 대한 고정관념 |

(가)

(나)

(나)

해결 방법

| 무료로 다닐 수 있는 학교 설립하기 | 실력, 개성 위주로 사람 평가하기 | 우물 설치, 식량 보내기 |

조금만 더!

01

● 아프리카의 어려운 사람들을 돕기 위해 무엇을 할 수 있을까요?

〈가〉 아프리카에는 기후 변화 때문에 가뭄이 길어져 식량과 식수가 부족하여 큰 어려움을 겪고 있는 사람이 많습니다. ㉠이런 상황에 처한 사람들을 돕기 위한 활동이 전 세계에서 활발하게 펼쳐지고 있습니다. 그중 하나가 아프리카에 염소 보내기 활동입니다.

〈나〉 왜 아프리카에 염소를 보낼까요? 첫 번째 이유는 소보다 염소를 기르기가 훨씬 쉽기 때문입니다. 소는 하루 식사량이 굉장히 많은 데 비해 염소는 소보다 적게 먹고도 견딜 수 있습니다. 따라서 가뭄 때문에 풀을 충분히 공급해 주지 못하는 상황에서도 염소는 소보다 살아남을 확률이 높지요.

〈다〉 그리고 암염소는 비교적 빨리 새끼를 낳습니다. 암염소는 태어난 지 18개월 이후부터 새끼를 낳을 수 있지요. 그리고 1년에 3~4마리나 낳기 때문에 새끼염소를 판 돈으로 식량을 사거나 온 가족의 생활비로 쓸 수 있고, 아이를 학교에 보낼 수도 있습니다. 또한 아이들에게 풍부한 영양을 제공해 주는 신선한 염소젖도 얻을 수 있습니다.

〈라〉 마지막으로 염소는 오래 삽니다. 염소의 수명은 평균 10년 정도라고 합니다. 따라서 한 가정에 염소, 특히 암염소가 한 마리 있으면 오랫동안 경제적인 도움을 받을 수 있습니다.

단어 뜻 보기

공급 필요나 요구에 따라 물건 등을 제공하는 것

확률 일정한 조건 아래에서 어떤 일이 일어날 가능성

수명 생물 등의 생명이 살아 있는 기간

★★★
가리키는 말 알기 **1** 글의 밑줄 친 ㉠이런 상황이 가리키는 것이 무엇인지 쓰시오.

_____

_____ 가 부족한 상황

★★★
원인과 결과 알기 **2** 다음 중 아프리카에 염소를 보내는 이유로 언급되지 **않은** 것을 고르시오.

① 풀을 적게 먹어도 살 확률이 높다.

② 18개월 이후부터 새끼를 낳을 수 있다.

③ 몸이 작아서 좁은 공간에서 키울 수 있다.

④ 수명이 10년 정도로 길다.

★★
문단 이해하기 **3** 아래 설명에 해당하는 문단의 기호를 쓰시오.

(1) 아프리카에 염소를 보내는 이유를 설명한 문단을 <u>모두</u> 쓰시오.

_____문단

(2) 염소의 수명을 설명한 문단을 쓰시오.   _____문단

(3) 아프리카 어린이들이 영양을 섭취하는 방법을 언급한 문단을 쓰시오.

_____문단

★★
요약 하기 **4** 〈보기〉에서 알맞은 낱말을 찾아 글의 요약표의 빈칸을 채우시오.

〈보기〉

영양   새끼염소   높다   염소   수명   염소젖

어려움을 겪고 있는 아프리카 사람들을 돕기 위해 펼쳐지는 여러 활동 중 아프리카에 (   ) 보내기 활동이 있다. 염소는 소보다 적게 먹기 때문에 먹을 풀이 적어도 살아남을 확률이 (   ). 또 비교적 빨리 새끼를 낳기 때문에 (   )를 팔아서 한 가족이 생활할 수 있고, 아이들은 (   )을 마시면서 (   )도 풍부히 제공받을 수 있다. 마지막으로 (   )이 길기 때문에 오랫동안 경제적인 도움을 받을 수 있다.

02

● 외국인들을 대할 때 지켜야 할 에티켓에는 어떤 것들이 있을까요?

승희는 아빠와 '외국인 관광객 2천만 시대, 우리도 이제 글로벌 에티켓을'이라는 TV 프로그램을 보고 있었다.

"아빠, 에티켓이 뭐예요?"

"다른 사람에게 예의 바르게 행동하는 것, 즉 예절을 뜻하는 말이란다. 옛날에 프랑스의 루이 14세라는 왕이 베르사유 궁전의 정원을 보호하려고 정원 입구에 출입금지 간판을 세웠는데, 거기에서 나온 말이지. 그런데 나라마다 문화가 다르기 때문에 각 나라 사람을 대할 때 어떤 게 예의 바른 행동인지를 알려면 공부를 해야해. 우리 생각에 예의 바른 행동이 다른 나라 사람에게는 무례한 일일 수도 있으니까."

"그렇군요. 그러면 아빠, 외국 사람을 만났을 때 기본적으로 조심해야 할 것이 뭔가요?"

"처음 만난 외국인에게 나이가 어떻게 되는지, 결혼했는지 묻는 것은 큰 실례야. 외국인들은 대부분 사생활을 중요하게 여기기 때문에 처음 만난 사람에게는 그런 질문을 하지 않아."

"지난번에 엘리베이터에 같이 탔던 외국인에게 나이를 물어보았는데…. 제가 에티켓이 없었네요."

승희는 쑥스러워 머리를 긁적였다.

"아빠가 몇 가지 재미있는 에티켓을 더 알려줄게. 러시아에서는 노란색 꽃과 짝수인 꽃의 개수는 죽음을 상징한다니까 꽃 선물을 할 때 조심해야겠지. 인도에서는 흰색이 죽음을 뜻한다고 해서 흰 봉투에 돈이나 물건을 넣어서 주지 않는다고 하더라. 또 우리나라에서 '오케이'의 의미로 손가락을 동그랗게 만드는 동작이 브라질에서는 아주 심한 욕을 뜻한다고 해."

"나라마다 지켜야 할 에티켓이 다르다는 게 신기하고 재미있네요. 제가 다른 나라의 에티켓을 인터넷으로 찾아보고 아빠께 가르쳐 드릴게요."

단어 뜻 보기

글로벌 '세계적인', '지구의'라는 뜻의 영어 global을 소리대로 쓴 것

상징 추상적인 사실, 생각, 느낌 등을 연관되는 기호나 구체적인 사물로 나타내는 것

1 주로 무엇을 이야기하는 글인가?

① 각 나라의 인사 문화

② 예절의 중요성

③ 에티켓이라는 말의 유래

④ 다양한 글로벌 에티켓

2 여러 나라 사람을 대할 때 에티켓을 공부해야 하는 이유는 무엇인지 쓰시오.

_____

_____

3 외국인들을 처음 만났을 때 취해야 할 행동으로 알맞은 것을 고르시오.

① 처음 보는 외국인에게 나이나 결혼 여부를 묻지 않는다.

② 인도 친구에게 흰색 봉투에 사탕을 넣어서 먹으라고 준다.

③ 브라질 친구와 대화할 때 손가락으로 동그라미를 만든다.

④ 러시아에서 온 친구에게 노란색 꽃 여덟 송이를 생일 선물로 준다.

4 아래 주어진 뜻이 설명하는 낱말 두 개를 글에서 찾아 쓰시오.

> [뜻] 말과 행동이 예의범절에서 벗어남, 또는 그런 짓을 함

_____

03

● 학교에 가는 대신 돈을 벌어야 하는 친구들이 있다는 사실을 알고 있나요?

오늘 아침활동 시간에 선생님께서는 지구촌 어린이 돕기 관련 영상을 보여 주셨다. 지구 반대편에 사는 한 친구는 아침에 일찍 일어나 학교가 아닌 농장으로 갔다. 나무가 무성한 곳이었는데, 그곳에는 많은 어린아이가 땀을 흘리며 나무 열매를 따고 있었다. 선생님께서는 그 나무들이 커피나무이고 그 친구들이 일하는 곳은 커피농장이라고 하셨다.

영상 속 주인공과 그 친구들은 제대로 쉬지도 못하고 거의 온종일 일만 했다. 해가 기울 때쯤 터덜터덜 집으로 돌아가는 주인공의 뒷모습은 너무 피곤하고 지쳐 보였다. 집은 좁고 식구가 많았다. 죽 같은 것을 먹은 뒤 엄마를 도와 집안일을 끝내고서야 주인공은 잠자리에 들 수 있었다. 친구들은 웅성거렸다.

"쉬는 날인가?", "학교는 안 가나?"

영상 속 주인공과 커피농장에서 일하던 친구들은 공부하고 싶다고 이야기했다. 그런 친구들을 보면서 "와, 학교에 안 가니 정말 좋겠다"라고 말하는 친구는 한 명도 없었다.

영상을 다 보고 난 후 우리는 아동 노동에 관해 이야기를 나누었다. 세계 곳곳에 학교에 가고 싶어도 가지 못하는 아이들이 많다는 것을 처음 알았다는 친구들도 있었다. 비슷한 나이 또래인데 누구는 자신과 가족의 생계를 위해 일을 해야 한다는 게 마음 아프다고 말하는 친구들도 있었다. 하지만 모두가 ㉠의견을 같이한 것은 세상의 모든 어린이는 교육받을 ㉡기회와 놀고 싶을 때 놀고 쉬고 싶을 때 쉴 수 있는 ㉢권리를 보장받아야 하고, 안전하게 ㉣보호받아야 한다는 것이었다.

아동 노동에 관해 생각할 수 있었던 좋은 시간이었다.

단어 뜻 보기

터덜터덜 무거운 발걸음으로 힘없이 걷는 모습, 또는 그런 소리

생계 가족의 살림을 유지해 가고 있는 형편

보장 어떤 일이 되도록 보호함

1 글에서 주로 다루는 내용이 무엇인지 쓰시오.

 2 친구들이 영상을 보고 알게 된 것이 <u>아닌</u> 것은 무엇인가?

① 학교에 다니지 못하고 일을 하는 어린이들이 있다.

② 아침부터 일한 아이들은 집에 가서는 공부를 한다.

③ 좁은 집에서 많은 식구와 함께 사는 어린이들이 있다.

④ 공부하고 싶지만 기회가 없는 어린이들이 있다.

 3 밑줄 친 ㉠~㉣ 중 아래에서 설명하는 뜻에 해당하는 낱말의 기호를 쓰시오.

> [뜻] 어떤 일을 하거나 누릴 힘이나 자격, 의무

_____

4 다음 중 글쓴이가 말하고자 하는 것과 거리가 <u>먼</u> 것은 무엇인가?

① 어린이는 놀 권리를 보장받아야 한다.

② 어린이에게 교육받을 기회를 줘야 한다.

③ 어린이는 공부를 많이 하면 안 된다.

④ 어린이는 안전을 보장받아야 한다.

● 나도 모르는 새 남녀 역할을 구분하고 있지는 않나요?

안녕? 내 이름은 지호야. ㉠오늘 나는 우리도 모르는 새 갖는 성 역할에 따른 고정관념에 대해 말하고 싶어. 예전에는 남자냐 여자냐에 따라 기대되는 성 역할이 명확했다고 해. 태어나면서부터 정해진 성별에 따라 '남자라면 이렇게 해야 돼' 또는 '여자라면 이래야지'라는 틀이 있었던 것이지.

우리가 어릴 때 읽었던 동화를 떠올려 봐. 공주님과 왕자님이 나오는 이야기를 읽다 보면 동화 속 공주는 연약한 데 비해, 남자는 강하고 씩씩해서 공주를 도와주는 역할을 맡고 있어. 왜 왕자를 구해 주는 씩씩한 공주는 없었을까?

㉡요즘은 성 역할에 대한 고정관념이 많이 사라져서 영화나 애니메이션에서도 남자에게 의지하지 않고 독립적으로 자신의 길을 개척하는 멋있는 여자 주인공들이 등장해. 하지만 아직도 우리 생활 속에는 성에 대한 고정관념들이 곳곳에 숨어 있어.

우선, 이 어린이 보호 표지판을 봐 줄래? 치마를 입은 어른 여자가 아이의 손을 잡고 걷는 모습이야. 이것을 보면 어린이를 보호하는 것은 여자의 일인 것처럼 생각하게 돼. 그런데 어린이를 보호하는 게 꼭 여자들만의 일은 아니잖아? ㉢이처럼 우리 주변의 표지판을 보면 남자와 여자를 구분할 필요가 없는데도 구분해서 그린 경우가 많아.

㉣이런 성 역할에 대한 고정관념 때문에 아직도 성별에 따라 직업이 종종 제한되는 것 같아. 나는 축구를 좋아하기 때문에 축구 선수가 되고 싶다고 부모님과 선생님, 친구들에게 말하곤 했는데 그때마다 가장 많이 들었던 말이 "여자애가 무슨 축구야?"였지. 하지만 내가 하고 싶은 일, 잘할 수 있는 일을 정하는 데 내 성별이 중요할까? 그것은 각자가 지닌 능력은 보지 않은 채 성별에 따라 어떤 모습이 어울린다고 정해 놓은 선입견일 뿐이라고 생각해.

나는 그저 '나다운' 지호가 되고 싶어. 멋진 여자 축구 선수로 성

단어 뜻 보기

고정관념 잘 변하지 않는 굳어진 생각, 또는 당연한 것처럼 여겨지는 생각

개척 새로운 영역, 운명, 진로 등을 처음으로 열어 나감

제한 특정 범위나 한계를 정함. 또는 그 범위를 넘지 않게 막는 일

선입견 어떤 사람의 주장과 생각에 대하여 미리 마음속에 굳게 갖고 있는 의견

공해서, 성별이 아니라 각 사람이 가진 개성과 능력이 중요하다는 것을 알리고 싶어.

 1 다음 중 이 글에 어울리는 제목은 무엇인가?

① 지호의 장래희망　　　　　　② 성 역할에 따른 고정관념

③ 어린이 보호 표지판　　　　　④ 성별에 따라 어울리는 직업

 2 ㉠~㉣ 중 지호가 이 글을 쓴 목적이 드러난 문장을 고르시오.

① ㉠　　　　　② ㉡　　　　　③ ㉢　　　　　④ ㉣

 3 지호는 직업을 정할 때 무엇이 중요하다고 생각하는가? 두 가지를 찾아 쓰시오.

☐☐　과　☐☐

4 옆 페이지의 표지판 디자인을 바꾸는 것에 관한 의견 중 지호의 생각과 맞는 것은 무엇인가?

① 재인: 표지판의 색깔이 어두워서 눈에 잘 띄지 않으니까 노란색이나 분홍색으로 바꿔 보자.

② 시연: 어린이가 보호받아야 한다는 사실이 강조되도록 어린이를 한두 명 더 그리는 게 어때?

③ 준서: 남자든 여자든 어른이 함께 어린이를 보호해야 하니까 어른 남녀를 같이 그리면 어떨까?

④ 현준: 일반적으로 아이들과 오랜 시간을 함께 보내는 것은 엄마니까 현재 디자인을 그대로 살리는 것도 괜찮을 것 같아.

아래 주어진 두 동화에 나타난 성 역할을 추론한 것으로 알맞지 <u>않은</u> 것은 무엇인가?

백설공주	신데렐라
백설공주는 어려서 엄마를 여의고 새엄마를 얻었지만, 새엄마는 자기보다 예쁘고 착한 백설공주를 시기해서 사냥꾼에게 백설공주를 죽이라고 명령했다. 착한 백설공주를 가엾게 여긴 사냥꾼은 백설공주를 숲 속에 놓아 주었고 길을 잃은 백설공주는 숲 속에서 일곱난쟁이의 도움을 받아 목숨을 구할 수 있었다. 하지만 나중에 그 사실을 알게 된 왕비가 변장하고 찾아와 건네 준 독이 묻은 사과를 먹고 백설공주는 쓰러진다. 그러나 백설공주는 마침 그곳을 지나가던 왕자의 도움으로 다시 살아나게 되었고, 이후에 왕자와 백설공주는 행복하게 살았다.	어머니를 일찍 여읜 신데렐라는 새엄마와 새언니들, 아버지와 같이 살았다. 새엄마와 언니들은 예쁘고 착한 신데렐라에게만 일을 시키고 괴롭혔다. 어느 날 왕자님의 신붓감을 찾는 무도회 초대장이 왔지만, 새엄마는 신데렐라는 빼고 언니들만 데리고 갔다. 하지만 슬퍼하는 신데렐라 앞에 나타난 요정의 도움으로 신데렐라는 아름답게 꾸밀 수 있었고, 요정이 만들어 준 호박 마차를 타고 무도회에 갈 수 있었다. 왕자와 즐거운 시간을 보낸 신데렐라는 요정과 약속한 12시가 되어 서둘러 집으로 돌아오는 길에 구두 한 짝을 잃어버렸다. 왕자가 나중에 구두 주인인 신데렐라를 찾게 되어 둘은 성에서 행복하게 살았다.

① 예쁘고 착해야만 소설의 여자 주인공이 될 수 있었어.

② 여자 주인공은 도움이 필요한 연약한 존재로 그려졌어.

③ 공주는 왕자의 도움을 받아야만 행복하게 살 수 있다고 생각했어.

④ 새엄마를 얻은 아버지는 항상 나쁜 사람이라는 것을 알 수 있어.

☆ 나만의 이야기 만들기 ☆

나라마다 에티켓이 다르다는 것을 앞의 지문에서 읽었죠?
아래 표의 나라에서 지켜야 할 에티켓 두 가지를 조사해서 정리해 봅시다.
표의 마지막 칸에는 내가 관심 있는 나라의 에티켓을 조사해서 써 봅시다.

나라		적절한 에티켓
미국		1. 상대의 눈을 쳐다보면서 대화한다. 2.
영국		1. 2.
중국		1. 2.
일본		1. 2.
호주		1. 2.
멕시코		1. 2.
필리핀		1. 2.
_____	(국기를 그리세요)	1. 2.

◆ 예시 답안은 159쪽에 있습니다.

5과 차이를 만든 인물

남들이 어렵고 힘들다고 할 때 끝까지 포기하지 않고 어려움을 극복해서 성공한 사람들의 모습은 큰 감동을 줍니다. 여러분도 꿈을 잃지 말고 용기를 내어 끝까지 도전해 보세요. 여러분의 도전이 다른 사람에게 또 다른 희망의 불씨가 될 수 있을 거예요.

목표 다음 독해 기술을 이용해 봅시다.

- ☑ **낱말 이해하기**
- ☑ **가리키는 말 알기**
- ☑ **원인과 결과 알기**
- ☑ **내용 파악하기**
- ☑ **글감과 주제 알기**
- ○ 적용하기
- ○ 추론하기
- ○ 문단 이해하기
- ☑ **요약하기**

교과서 연계
- [4학년 1학기] 국어 10단원 '인물의 마음을 알아봐요'
- [4학년 2학기] 국어 4단원 '글 속의 생각을 찾아'
- [4학년 2학기] 국어 1단원 '이야기를 간추려요'
- [4학년] 도덕 3단원 '아름다운 사람이 되는 길'

아자~!

다음은 많은 사람이 존경하는 인물에 대한 설명입니다. 누구에 관한 설명일지 〈보기〉에서 이름을 골라 빈칸에 써 봅시다.

1

① 일제 강점기 시대를 살았습니다.

② 서울맹학교의 선생님이었습니다.

③ 시각장애인들을 위한 한글 점자를 만들었습니다.

• 위에서 설명하는 사람의 이름은 (   ) 선생님입니다.

2

① 의사이자 신부님입니다.

② 아프리카 남수단 톤즈에서 어린이들을 위해 학교를 세우고 공부를 가르쳤습니다.

③ 남수단 톤즈 사람들을 위해 병원을 짓고 병을 치료했습니다.

• 위에서 설명하는 사람의 이름은 (   ) 신부님입니다.

3

① 미국에서 태어났고, 어린 시절 만화가가 되는 것이 꿈이었습니다.

② 미키마우스, 도널드덕 등 전 세계적으로 인기 있는 만화 캐릭터들을 만들었습니다.

③ 1955년에 디즈니랜드를 열었습니다.

• 위에서 설명하는 사람의 이름은 (   )입니다.

〈보기〉

월트 디즈니   이태석   박두성

01

● 지구온난화로 고통받는 동물들을 위해 무엇을 할 수 있을까요?

안녕! 내 이름은 펠릭스야. 북극곰을 사랑하는 독일 소년이지. 오늘은 내 어린 시절 이야기를 들려주려고 해.

내가 아홉 살 때의 일이야. 하루는 TV에서 방영하는 북극곰에 관한 다큐멘터리를 보다가 깜짝 놀랐어. 지구온난화로 지구의 온도가 높아지면서 북극의 빙하와 얼음이 녹고 있다는 거야. 빙하와 얼음이 녹으면서 얼음 위에 사는 북극곰의 생활 터전이 점점 줄어들어, 많은 북극곰이 큰 어려움을 겪는 모습을 보았지. 북극곰은 사냥하러 다닐 때 바닷속을 헤엄치다가 지치면 유빙 위로 올라와서 쉬기도 하고 바다에서 잡은 생선을 그 위에서 먹기도 하는데, 이제는 큰 유빙이 별로 없어서 북극곰들이 유빙을 찾아 헤엄치다가 물에 빠져 죽기도 한다고 했어.

그날부터 난 북극곰을 위해 지구온난화를 일으키는 주범인 이산화탄소를 어떻게 줄일 수 있을까 고민하기 시작했지. 그러다가 어느 날, 나무가 이산화탄소를 들이마시고 대신 산소를 내뿜는다고 수업시간에 들은 게 기억났어.

'그래! 사람들이 나무를 한 그루씩 심으면 어떨까?'

다음날 나는 학교에 가서 친구들에게 북극곰이 처한 상황을 알려주고 나무를 한 그루씩 심자고 얘기했어. 다행히 많은 친구가 ㉠내 제안에 동참해 주었고, 나와 친구들이 시작한 나무 심기 운동을 통해 3년 뒤 독일 곳곳에 50만여 그루의 나무가 심기는 놀라운 일이 벌어졌어!

어른들이 나와 친구들의 활동에 주목하면서 나무 심기 운동은 전 세계로 퍼져나갔고, 지금까지 세계 각지에서 사람들이 150억 그루의 나무를 심었어! 나무를 심는다는 것은 단순히 북극곰의 목숨만 구하는 게 아니라 지구 자체를 살리는 일이야. 지구를 살리기 위해 우리는 또 무엇을 할 수 있을까?

단어 뜻 보기

방영 텔레비전으로 방송하는 일

빙하 지상에 쌓인 눈이 오랜 세월에 걸쳐 거대한 얼음덩어리가 된 것

터전 생활의 근거지

유빙 물 위에 떠다니는 얼음덩어리

주범 나쁜 결과를 일으키는 주된 원인

동참 함께 참가함

내용 파악하기 ★ 1 글에서 말하는 북극곰이 살기 힘들어진 이유는 무엇인가?

① 사람들의 사냥 ② 지구온난화

③ 먹이의 부족 ④ 개체 수의 증가

가리키는 말 알기 ★★ 2 글의 밑줄 친 ⑦내 제안이 가리키는 것을 쓰시오.

북극곰을 살리기 위해 _____고 한 것

원인과 결과 알기 ★★ 3 펠릭스가 나무를 심어야겠다고 생각한 이유를 구체적으로 쓰시오.

나무가 [　][　][　][　][　] 를 일으키는 주범인

[　][　][　][　][　] 를 들이마시기 때문에

내용 파악하기 ★★★ 4 글에 관한 설명 중 바른 것에는○, 바르지 않은 것에는 ×를 표시하시오.

(1) 펠릭스는 북극곰을 살리기 위해 나무 심기 운동을 계획했다.　(　)

(2) 큰 유빙이 점점 사라져서 물에 빠져 죽는 북극곰이 생겼다.　(　)

(3) 펠릭스의 친구들은 처음에 나무 심기 운동에 참여하지 않았다.　(　)

(4) 나무 심기 운동을 통해 전 세계에 50만여 그루의 나무가 심겼다.　(　)

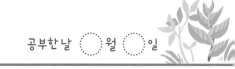
02

● 한국 최초의 시각장애인용 점자 교과서를 만든 사람은 누구일까요?

시각장애인이 사용하는 점자를 외국에서는 '브레일' 또는 '브라유'라고 한다. 이는 알파벳 점자를 처음 만든 프랑스의 시각장애인 루이 브라유(1809~1852)의 이름에서 ㉠유래했다. 어릴 때 시력을 잃은 루이 브라유는 커서 교사가 되어 시각장애인들이 알아볼 수 있도록 글자를 표시하는 방법을 고안했다. 그는 종이 표면을 송곳으로 찍어 불룩 튀어나오게 점을 찍었는데, 이것이 최초의 점자였다. 그리고 점자는 시각장애인들이 세계와 소통할 수 있는 최고의 도구가 되었다.

그렇다면 한글 점자를 처음 만든 사람은 누구일까? 바로 일제강점기 시절, 서울맹학교에서 근무했던 박두성 선생님(1888~1963)이다. 박두성 선생님은 시각장애인을 위한 점자 교과서가 필요하다고 생각하여 일본에서 점자 인쇄기를 들여와 우리나라 최초의 점자 교과서를 만들었다. 그러나 일본어 점자로 된 교과서를 학생들이 읽어야 한다는 사실이 안타까워, 박두성 선생님은 한글 점자를 만들어야겠다고 결심하였다. 1920년 박두성 선생님은 뜻을 같이하는 동료들과 함께 한글 점자를 연구하기 시작하여, 1926년 마침내 최초의 한글 점자 '훈맹정음'을 완성하여 발표하였다. 당시 일제 총독부도 "모든 장애에서 이들을 회복시키는 길은 오직 글을 가르쳐 정서를 순화하는 길밖에 없다"는 박두성 선생님의 편지에 설득되어 훈맹정음 교육을 허락했다.

1999년 인천에 세워진 송암 박두성 기념관에 가면 박두성 선생님이 평생 시각장애인의 교육을 위해 얼마나 노력했는지 알 수 있다. 박두성 선생님의 뜻을 이어 오늘날 우리나라 전역에 시각장애인을 위한 점자도서관이 세워지고 있다.

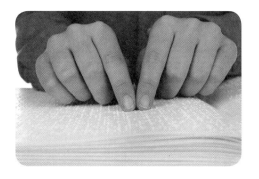

단어 뜻 보기

점자 손가락으로 더듬어 읽게 한 시각장애인용 문자

고안 어떤 방안을 깊게 연구하여 생각해 냄

일제강점기 1910년부터 1945년 8월 15일 광복까지 일본의 지배를 받던 35년간의 시기

순화 정성스럽게 가르쳐 순수하게 하는 일

1 점자를 '브라유'라고 부르는 이유를 글에서 찾아 쓰시오.

_____

_____

 2 글의 밑줄 친 ㉠유래했다와 바꿔 쓸 수 있는 말을 고르시오.

① 튀어나왔다   ② 고민했다

③ 세워졌다   ④ 생겨났다

 3 글에 따르면, 시각장애인들을 위한 글자로 그들과 세상을 소통하게 하는 최고의 도구는 무엇인가?

_____

 4 다음 중 박두성 선생님이 한 일에 대한 설명으로 알맞은 것은 무엇인가?

① 최초의 한글 점자인 훈맹정음을 연구, 개발하였다.

② 시각장애인을 위한 최초의 점자도서관을 인천에 세웠다.

③ 루이 브라유에게 점자를 만드는 법을 가르쳤다.

④ 직접 개발한 점자 인쇄기로 우리나라 최초의 점자 교과서를 만들었다.

03

● 월트 디즈니에 관해 들어 본 적이 있나요?

"난 커서 만화가가 될 거야!"

월트 디즈니는 어린 시절부터 그림 그리기를 좋아해서 늘 그림을 연습하고는 했습니다. 그런 월트 디즈니의 꿈은 만화가가 되는 것이었죠.

그러나 만화가가 되기에는 재능이 충분하지 않았습니다. 그렇지만 월트 디즈니는 꿈을 포기할 수 없었습니다. 그는 자기가 만화가로서의 재능은 부족하지만, 제작자로서의 재능은 있다고 믿고, 만화를 잘 그리는 친구와 함께 디즈니 스튜디오를 차려서 만화영화를 제작하기 시작했습니다. 그리고 마침내 토끼 캐릭터 오스왈드가 등장하는 만화영화 「전차 사건」을 만들어 이름을 날리기 시작했습니다. 이후에 미키마우스와 도널드덕, 구피 등 지금까지도 전 세계적으로 인기 많은 만화 캐릭터를 ㉠개발했고, 이들이 등장하는 만화영화들은 어마어마한 성공을 거두게 됩니다.

©Stamptastic/shutterstock.com

월트 디즈니는 만화적 상상력을 실제로 구현하는 신기술에도 관심이 많아서, 만화 제작에 새로운 기술과 연출 기법을 적극적으로 받아들였습니다. 그 결과 사람 목소리가 나오는 유성 영화와 다양한 색깔을 입힌 영화가 제작되는 등, 만화영화는 놀라운 속도로 발전했습니다.

또한 월트 디즈니는 동화 속 상상의 세계를 실제로 구현해서 아이들에게 꿈과 희망을 주고 싶었습니다. 그래서 1955년 캘리포니아에 환상의 동화 나라와 같은 디즈니랜드를 열었습니다.

디즈니의 만화영화와 캐릭터들은 수많은 사람을 아름다운 동심의 세계로 데려다주고 즐거움을 줍니다. 좋아하는 일을 포기하지 않고, 계속 새로운 것을 만들고자 노력했던 월트 디즈니의 열정은 여전히 많은 사람에게 영향을 끼치고 있습니다.

단어 뜻 보기

구현 구체적으로 드러나게 하다 또는 실제로 작동되는 프로그램 등을 만들다

기법 방법과 교묘한 기술과 솜씨를 아울러 이르는 말

유성 소리가 남

1 글의 밑줄 친 ㉠개발했고와 바꿔 쓸 수 있는 낱말을 고르시오.

① 시작했고 ② 받아들였고

③ 만들어냈고 ④ 설치했고

 2 월트 디즈니가 새로운 기술과 연출 기법을 받아들여서 어떤 형태의 만화영화들을 만들었는지 글에서 찾아 쓰시오.

• ＿＿＿＿＿＿＿＿＿＿＿＿＿＿＿＿＿＿＿＿＿를 제작했다.

• ＿＿＿＿＿＿＿＿＿＿＿＿＿＿＿＿＿＿＿＿＿를 제작했다.

 3 다음 중 월트 디즈니에 관한 설명 중 알맞지 않은 것은 무엇인가?

① 만화적 상상을 구현하는 기술과 기법을 도입했다.

② 미키마우스와 같은 인기 만화 캐릭터를 탄생시켰다.

③ 어린 시절의 꿈은 만화가가 아니라 사업가였다.

④ 아이들에게 꿈과 희망을 주기 위해 디즈니랜드를 열었다.

4 글에서 가장 중요하게 이야기하는 내용은 무엇인가?

① 디즈니의 천재성 ② 디즈니의 열정

③ 디즈니의 캐릭터 ④ 디즈니의 실패

● 다른 사람을 진심으로 도와준 경험이 있나요?

안녕하세요? 오늘은 아프리카 수단의 슈바이처로 불리는 이태석 신부님을 소개하고자 합니다. 아프리카 중에서도 가장 오지로 불리는 남수단의 톤즈. 오랜 기간 전쟁을 치르면서 어린아이들까지도 총을 들고 전쟁터로 나가야 했던 이곳에서 이태석 신부님은 어떤 일을 하셨을까요?

2001년 이태석 신부님은 우연한 기회에 톤즈에 가게 됩니다. 그곳에서 신부님은 전쟁으로 폐허가 된 마을, 흙탕물을 마시는 어린아이들, 벌거숭이로 돌아다니는 사람들을 보게 돼요. 이때 이태석 신부님은 이 사람들을 도와 함께 살며 친구가 되어 주어야겠다고 마음을 먹었습니다.

이태석 신부님은 그곳에서 주민들과 똑같이 생활했어요. 덥고 건조하며 먹을 것이 풍부하지 않은 힘든 환경 속에서 신부님은 톤즈 주민을 도울 수 있는 방법을 찾기 시작했습니다. 신부님이 주민들을 위해 가장 먼저 한 일은 병원을 세우는 것이었어요. 당시 남수단에서 가장 흔한 병은 말라리아와 콜레라였는데, 이 병으로 목숨을 잃는 사람들이 많았거든요.

©마운틴픽쳐스

단어 뜻 보기

오지 해안이나 도시에서 멀리 떨어진 땅

폐허 건물, 거리 등이 파괴되어서 황폐해진 터

열악한 상태 및 질 등이 몹시 떨어지고 나쁜 ⓥ 열악하다

마다하지 거절하거나 물리치지 ⓥ 마다하다

헌신 온 마음과 힘을 다 바침

고국 조상 때부터 살던 자기의 나라

또한 신부님은 아픈 사람들을 치료하면서 사람들 마음속에 희망이 필요하다는 것을 깨닫게 되었어요. 더 나은 내일에 대한 희망을 불어넣어 주기 위해 신부님은 학교를 세우기로 결심합니다. 처음에는 나무 그늘 밑에 낡은 칠판을 세워 어린아이들을 가르쳤어요. 하지만 열악한 환경 속에서도 배우고 싶어서 먼 거리도 마다하지 않고 찾아오는 톤즈 아이들의 열정에 신부님의 헌신이 더해져 나중에는 초등학교, 중학교, 고등학교 과정까지 만들어졌고, 번듯한 학교 건물까지 짓게 되었어요.

톤즈 사람들에게 이태석 신부님은 하늘에서 보낸 선물과 같았어요. 하지만 신부님은 톤즈 사람들과 오래오래 함께 할 수 없었어요. 톤즈 사람들의 병을 치료하기 바빴던 신부님은 미처 자신의 건강을 돌보지 못했고, 암이 생긴 것을 뒤늦게 발견하고는 치료를 받으러 고국으로 돌아오게 되었습니다. 그리고 결국은 톤즈로 돌아가지 못하고 고국에서 눈을 감았습니다.

이태석 신부님이 떠난 뒤 톤즈 주민들은 깊은 슬픔에 잠겼고 신부님을 그리워했어요. 하지만 신부님이 남긴 사랑과 희망은 톤즈 아이들의 마음속에서 지금도 계속 자라고 있습니다.

 1 이태석 신부님이 오기 전 톤즈의 상황으로 맞지 <u>않는</u> 것은 무엇인가?

① 오랜 전쟁으로 마을은 폐허가 되었다.

② 모든 어린이들은 학교에 다니고 있었다.

③ 치료받을 수 있는 병원이 없었다.

④ 깨끗한 물이 공급되지 않았다.

 2 이태석 신부님이 톤즈에서 가장 먼저 한 일은 무엇인가?

① 학생들을 가르칠 수 있는 학교 건물을 지었다.

② 말라리아와 콜레라 등을 치료할 병원을 세웠다.

③ 초등학생부터 고등학생까지 수업을 가르쳤다.

④ 군인이 되어 총을 들고 전쟁에 참전했다.

3 다음 중 이 글에서 알 수 <u>없는</u> 것은 무엇인가?

① 이태석 신부님이 고국으로 돌아온 이유

② 이태석 신부님이 활동한 지역

③ 이태석 신부님의 학력

④ 이태석 신부님의 업적

글의 주제를 아래와 같이 나타낼 때, 빈칸에 들어갈 단어를 글에서 찾아 쓰시오.

이태석 신부님이 남긴 ☐☐ 과 ☐☐

글의 내용에 관한 설명 중 바른 것에는 ○, 바르지 <u>않은</u> 것에는 ×를 표시하시오.

(1) 이태석 신부님은 처음부터 남수단 사람들을 도우러 톤즈에 갔다. (   )

(2) 오랜 시간에 걸친 전쟁으로 남수단 사람들의 삶은 황폐했다.   (   )

(3) 톤즈 아이들은 멀리서도 이태석 신부님이 세운 학교로 왔다. (   )

(4) 이태석 신부님은 헌신적으로 봉사하다 톤즈에서 생을 마쳤다. (   )

〈보기〉에서 고른 알맞은 말로 빈칸을 채워 글을 요약하시오.

┌─〈보기〉──────────────────────────┐
│   희망   병원   사랑   톤즈   학교   │
└────────────────────────────────┘

이태석 신부님은 전쟁으로 폐허가 된 남수단의 (   )로 가서
이들을 돕고 이들의 친구가 되어 주어야겠다고 결심합니다. 이태석
신부님이 그곳에서 처음 한 일은 (   )을 짓는 것이었습니다.
그런 다음, 아이들이 마음을 열고 배우며 내일에 대해 (   )
을 가질 수 있게 (   )를 세웠습니다. 이태석 신부님은 세상을
떠났지만, 신부님이 남긴 (   )과 희망은 여전히 그곳 아이들
의 마음에서 자라고 있습니다.

★ 나만의 이야기 만들기 ★

월트 디즈니는 세계적으로 유명한 캐릭터를 그려 큰 인기를 얻었습니다.
우리나라에도 어린이들에게 사랑받는 캐릭터들이 많은데요. 여러분이 만화가나
캐릭터 개발자라면 어떤 캐릭터를 만들고 싶은지 생각하고 직접 디자인해 봅시다.

캐릭터 이름	
생김새	
고향 / 사는 곳	
성격	
특징 / 능력	

◆ 예시 답안은 162쪽에 있습니다.

6과 과학과 환경

우리는 지구에서 태어나 지구의 자연과 긴밀한 관계를 맺고 살아갑니다. 따라서 자연을 함부로 사용하거나 훼손하면 큰 어려움이 닥칠 수 있습니다. 우리는 소중한 자연과 환경을 아끼고 보호해야 할 것입니다.

목표 다음 독해 기술을 이용해 봅시다.

- ✅ **낱말 이해하기**
- ○ 가리키는 말 알기
- ✅ **원인과 결과 알기**
- ✅ **내용 파악하기**
- ✅ **글감과 주제 알기**
- ○ 적용하기
- ○ 추론하기
- ✅ **문단 이해하기**
- ✅ **요약하기**

교과서 연계
- [4학년 1학기] 과학 3단원 '식물의 한살이'
- [4학년 2학기] 과학 4단원 '화산과 지진'
- [5학년 1학기] 과학 3단원 '태양계와 별'

가로, 세로 힌트를 보고, 들어갈 알맞은 낱말을 써 봅시다.

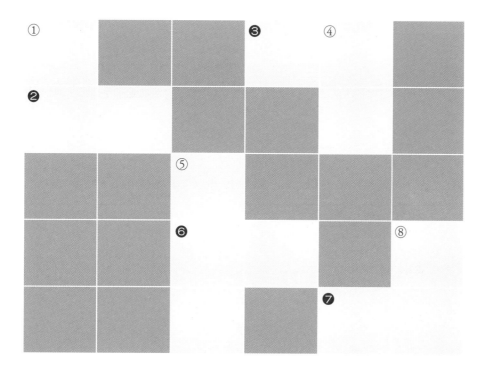

〈가로 힌트〉

❷ 태양에서부터 세 번째 거리에 위치한, 생명체가 살기에 가장 적합한 행성
❸ 땅속에 있는 마그마가 분출하여 만들어진 산
❻ 토성을 둘러싸고 있는 둥근 모양의 것
❼ 63개의 위성을 가진, 태양계에서 가장 큰 행성

〈세로 힌트〉

① 강, 바다나 늪, 연못으로 둘러싸인, 습기가 많은 축축한 땅
④ 공기의 20%를 차지하는 무색, 무취의 기체로 사람과 동물이 호흡하는 데에
   반드시 필요한 것
⑤ 지능이 높고 서로 의사소통이 가능하며, 육지 근처의 바다 또는 강에서 살면
   서 아가미가 없어서 등에 있는 코로 숨을 쉬는 동물
⑧ 태양계의 네 번째 행성으로 산, 구름, 사막 등이 있는 점이 지구와 비슷한 행성

드디어 마지막이다!
독해 실력이
쑥쑥 늘 있어!

오, 예~

01

● 씨를 심고 식물을 키워 본 적이 있나요?

강낭콩을 심을 때 흙을 손가락으로 꾹 눌러 구멍을 내고 5cm 간격으로 심어 보세요. 너무 깊게 심거나 흙을 많이 덮으면 햇빛을 받을 수 없답니다. 또 강낭콩이 자라기 위해서는 물을 충분히 주어야 합니다.

강낭콩에서 싹이 트고 며칠 지나면 떡잎이 나옵니다. 보통은 떡잎이 두 장 납니다. 이 사이에 줄기가 있어요.

이제 본잎이 나옵니다. 영양분을 다 내어 준 떡잎은 쪼글쪼글 시들고, 이제부터는 강낭콩이 스스로 양분을 만들 수 있어요.

햇볕이 잘 드는 곳에 두고 물을 충분히 주면 본잎 위로 겹잎이 세 장씩 나오면서 줄기가 굵어지고 잎도 무성해집니다.
햇빛이 부족하면 잎과 줄기의 색이 연해집니다. 잎의 크기도 작고 줄기도 가늘어지죠. 물을 잘 주지 않으면 잎이 누렇게 변하고, 심하면 말라 죽기도 합니다.

강낭콩을 심은 지 40~50일이 지나면 보라색이나 흰색 꽃이 핍니다. 이제 강낭콩 열매를 맺을 준비를 하는군요.

꽃이 시든 자리에 길쭉한 녹색 열매가 생깁니다. 이것을 '꼬투리'라고 합니다. 처음에는 작지만, 커지면서 점차 누렇게 익어서 나중에 꼬투리를 열면 그 안에 새로운 강낭콩들이 들어 있어요.
이처럼 씨가 싹트고 자라서 꽃이 피고 열매 맺는 과정을 식물의 '한살이'라고 합니다.

낱말 이해하기 ① '씨에서 싹이 트고 자라서 꽃을 피운 후 열매 맺는 과정'을 뜻하는 낱말을 찾아 쓰시오.

식물의 _____

원인과 결과 알기 ② 아래 표의 현상은 무엇이 부족할 때 발생하는지 해당하는 칸에 ○을 표시하시오.

	현상	햇빛 부족	물 부족
(1)	줄기가 가늘어진다.		
(2)	잎이 누렇게 변한다.		
(3)	줄기와 잎 색이 연해진다.		
(4)	잎 크기가 작아진다.		

요약 하기 ③ 다음은 강낭콩이 자라는 과정을 설명한 것이다. 그림을 보고 아래 빈칸을 채우시오.

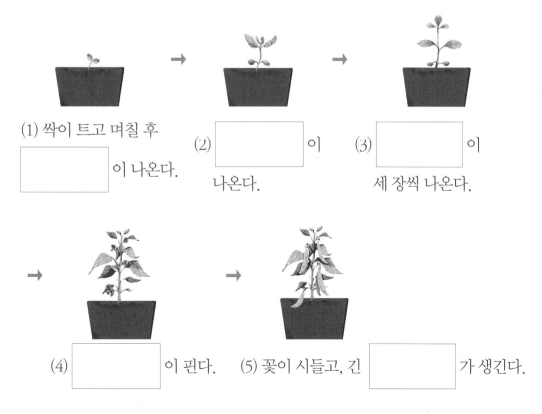

(1) 싹이 트고 며칠 후 ☐ 이 나온다.

(2) ☐ 이 나온다.

(3) ☐ 이 세 장씩 나온다.

(4) ☐ 이 핀다.

(5) 꽃이 시들고, 긴 ☐ 가 생긴다.

02

● 습지란 무엇이며, 습지를 보호하기 위해 무엇을 할 수 있을까요?

전라남도에 있는 순천만은 크기가 어마어마한 습지입니다. 바다와 접해 있는 연안 습지로, 전체 면적이 약 800만 평이고 갯벌에 펼쳐져 있는 갈대밭이 40만 평이나 됩니다. (㉠) 또 S자형 수로가 더해져 멋진 풍경을 만들어냅니다.

특히 순천만에는 다양한 생물이 살고 있습니다. 갯지렁이, 조개류 등 갯벌 생물뿐만 아니라 천연기념물인 흑두루미, 노랑부리저어새 등 200여 종의 조류가 이곳에 서식하고 있어서 '철새들의 낙원'이라고도 불립니다. (㉡)

습지란 강이나 바다, 늪, 연못으로 둘러싸인 습기가 많은 축축한 땅을 말합니다. 각종 생물의 서식지로, 오염물질을 깨끗하게 정화하는 기능이 있어 자연에서 중요한 역할을 합니다. (㉢)

습지의 훼손을 막고 습지를 보호하기 위해 1971년 세계 160여 개의 나라가 이란의 람사르 지역에 모여 '람사르 협약'을 맺었습니다. 정식 명칭은 '물새 서식처로서 국제적으로 중요한 습지에 관한 협약'입니다. (㉣) 우리나라는 1997년에 가입했는데, 강원도 용늪을 시작으로 창녕 우포늪, 순천만 등을 포함해 19개의 습지가 등록되어 있습니다.

단어 뜻 보기

평 땅의 넓이를 나타내는 단위. 한 평은 3.3058㎡

수로 바다나, 강, 호수의 배가 지나다닐 수 있는 물길

천연기념물 가치가 높아서 법률로 보호, 보존하는 동식물 및 그 서식지, 또는 그 외의 천연물

정화 더러운 것을 없애고 깨끗하게 함

훼손 못 쓰게 만들거나 가치, 명예를 손상함

협약 국가 간에 협의하여 문서로 작성한 약속

명칭 사람, 사물, 현상을 부르는 이름

우포늪

1 '습지'의 뜻을 글에서 찾아 쓰시오.

_____

_____

 2 습지에 관한 설명 중 알맞지 <u>않은</u> 것은 무엇인가?

① 습지에는 갯벌 생물과 새 등 각종 생물이 산다.

② 순천만은 S자형 수로를 가진 연안 습지이다.

③ 습지는 오염물질을 깨끗하게 하는 기능을 한다.

④ 우리나라의 순천만은 작은 면적의 습지이다.

내용파악하기 3 ㉠~㉣ 중 아래 주어진 문장이 들어가기에 가장 알맞은 자리는 어디인가?

> 그러나 이렇게 중요한 습지가 매립, 오염 등으로 계속 훼손되고 있습니다.
>
> 매립 우묵하게 파인 땅이나 바다 등을 흙과 돌로 메꾸는 일

① ㉠   ② ㉡   ③ ㉢   ④ ㉣

내용파악하기 4 글에서 찾은 말로 빈칸을 채워 '람사르 협약'에 대한 표를 완성하시오.

> **람사르 협약**(1971년 160여 개국이 이란 람사르 지역에서 맺은 협약)
> - **정식 명칭**: (　　　　) 서식처로서 국제적으로 중요한 (　　　　) 에 관한 협약
> - **목적**: 습지의 (　　　　)을 막고 습지를 (　　　　)하기 위해
> - **등록된 한국의 습지**: 강원도 용늪, 창녕 우포늪, (　　　　) 등 19개

03

● 제주도가 화산섬이라는 것을 알고 있나요?

메일 🏠 💬 ✉️

☆ □▾ 읽음 | 삭제 | 답장 목록

혜지야,

이제 개학도 얼마 남지 않아서 곧 학교에서 만날 수 있겠다. 난 지금 가족과 제주도로 여행을 왔어. 제주도는 진짜 멋져! 과학 시간에 사진으로만 봤던 돌하르방도 직접 보고, 해녀박물관과 한라산에도 갔어. 바다 색깔이 정말 예쁘고, 맛있는 음식도 많아서 우리 가족은 즐겁게 보내고 있어.

너는 제주도에 와 본 적 있니? 제주도에서는 120만 년 전부터 화산이 폭발했는데, 폭발할 때 땅에 생긴 틈을 따라 용암이 흘러나오면서 만들어진 작은 기생 화산, 즉 '오름'이 많이 생겼다고 해. 오름은 우리나라에서는 제주도에만 있는데, 사라오름, 용눈이오름, 거문오름 등 360개가 넘는대. 오름이 봉우리와 동굴을 많이 만들었다고 하더라. 거문오름은 화산 폭발 때 많은 양의 용암을 분출해서 약 20개의 동굴을 만들었대.

제주도에는 습지도 있는데, 1100고지 습지라고 들어 봤니? 이곳은 한라산 고원지대에 만들어진 산지 습지야. 멸종위기종과 희귀한 고유 동식물이 서식하고 보전할 가치가 높아서 2009년 10월에 습지보호지역으로 선정되었고 람사르 습지로도 등록되었어.

제주도가 가진 자연의 가치가 세계적으로도 인정을 받아서, 2007년에 한라산 천연 보호 구역·거문오름 용암 동굴계·성산일출봉 응회구 세 곳이 '제주 화산섬과 용암 동굴'로 유네스코 세계 자연유산에 등재되었다고 해.

나중에 우리가 커서 제주도에 함께 와서 아름다운 자연을 같이 볼 수 있으면 좋겠다. 그럼, 개학하고 보자!

아라가

단어 뜻 보기

분출 액체 또는 기체가 뿜어져 나옴. 또는 그런 상태

등재 장부 등에 기록되어 오름

글에 관한 설명 중 알맞지 않은 것을 고르시오.

① 아라가 혜지에게 보내는 이메일이다.

② 제주도의 지형적 특징을 설명하고 있다.

③ 제주도의 유명한 습지에 관해 소개한다.

④ 유네스코 세계문화유산에 관해 설명한다.

 다음 중 오름에 대한 설명으로 알맞지 않은 것은 무엇인가?

① 한국에 있는 360여 개의 오름은 모두 제주도에 있다.

② 오름은 작은 기생 화산으로, 봉우리만 만든다.

③ 화산 폭발로 생긴 틈 주변으로 용암이 흘러나와 생긴다.

④ 거문오름은 형성될 때 20여 개의 동굴을 만들었다.

 제주도 1100고지 습지에 관한 설명으로 바르지 않은 것을 고르시오.

① 멸종위기의 동식물이 서식한다.

② 2009년 10월에 습지보호지역으로 선정되었다.

③ 한라산 근처 바닷가에 넓게 위치해 있다.

④ 가치를 인정받아 람사르 습지로 등록되었다.

 유네스코 세계자연유산에 등재된 제주도의 장소 세 곳을 쓰시오.

04

● 돌고래의 지능이 어느 정도일까요?

〈가〉 돌고래는 귀여운 외양으로 사람들에게 사랑받는 동물이며, 굉장히 사람 친화적인 동물이기도 하다. 바다에서 백상아리 떼에게 습격당할 위험에 빠진 사람들을 보호해 주었다는 이야기가 있을 정도이다.

〈나〉 돌고래는 인간을 제외하고 세상에서 가장 똑똑한 동물이기도 하다. 학자들은 돌고래의 아이큐가 80 가까이 된다고 추정한다. 혼자서 해결하지 못하는 문제가 있으면 친구를 불러 협력하며, 무엇보다 언어를 사용한다는 점에서 돌고래의 지능이 높다고 평가한다. 돌고래는 단어를 풍부하게 사용하고, 상황에 맞춰 각기 다른 소리를 내서 의사소통하며, 심지어 사투리도 있어서 어떤 돌고래가 다른 돌고래에게 통역을 해 주는 모습까지 관찰할 수 있다.

〈다〉 이렇게 똑똑한 돌고래는 무엇을 먹을까? 몸집이 커서 큰 물고기를 먹을 것 같지만, 멸치나 오징어, 새우처럼 떼를 지어 다니는 작은 물고기를 먹고 산다. 돌고래가 먹이를 잡는 방법은 매우 독특한데, 먼저 물고기 떼를 발견하면 소리를 내서 다른 돌고래들을 부른다. 그런 뒤 다 같이 물고기 주위로 물방울 그물을 발사하고, 물방울에 갇혀 방향 감각을 잃은 물고기들을 한 곳으로 모아 잡아먹는다.

〈라〉 돌고래에 관한 영화나 다큐멘터리에서 돌고래 떼가 바다에서 물 밖으로 힘차게 뛰어올랐다가 다시 물속으로 들어가는 행동을 반복하는 모습을 본 적 있을 것이다. 이것은 멋져 보이기 위함이 아니다. 돌고래는 아가미가 없고 코가 등에 있어서 숨을 쉬려면 물 밖으로 나와야 한다.

단어 뜻 보기

사람 친화적 사람을 친근히 여기고 사람과의 관계에서 만족감과 유대감을 느끼는

의사소통 서로의 생각을 말이나 글, 행동을 통해 나누는 것

1 다음 중 돌고래에 관한 설명으로 알맞지 <u>않은</u> 것은 무엇인가?

① 물고기 주위로 물방울 그물을 발사한다.

② 다른 돌고래와 협력해 문제를 해결하기도 한다.

③ 사람을 매우 경계하며, 동물 중에서 지능이 낮다.

④ 멸치, 오징어, 새우처럼 떼를 지어 다니는 동물을 먹는다.

2 돌고래가 물 밖으로 뛰어올랐다가 다시 물속으로 들어가는 이유를 쓰시오.

| | | | 가 없어서 등에 있는 | | 로 숨을 |

쉬어야 하므로

3 아래 설명에 해당하는 문단을 쓰시오.

(1) 돌고래의 식성 및 사냥법을 설명하는 문단 ＿＿＿＿＿＿문단

(2) 돌고래의 호흡법에 관해 설명하는 문단 ＿＿＿＿＿＿문단

(3) 글감이 돌고래라는 것을 처음 언급하는 문단 ＿＿＿＿＿＿문단

(4) 돌고래의 지능과 영리함에 관해 다루는 문단 ＿＿＿＿＿＿문단

4 〈보기〉에서 알맞은 말을 골라 빈칸을 채워 글을 요약표를 완성하시오.

〈보기〉

작은   친화   물방울   언어   코   협력   떼   단어

글감 소개	사람 (　　　　)적인 동물인 돌고래
돌고래의 영리함	아이큐가 80으로 추정됨 – 동료와 (　　　　)하여 문제를 해결함 – (　　　　)를 사용: 사용하는 (　　　　)가 풍부함, 사투리가 있음
돌고래의 식성 및 사냥법	• 주식: (　　　　)를 지어 다니는 (　　　　) 물고기 • 사냥법: 동료 돌고래들과 (　　　　) 그물을 발사, 그 안에 갇혀 방향을 잃은 먹잇감을 한곳으로 몲
돌고래의 호흡	등에 (　　　　)가 있어서 물 밖으로 나와 호흡함

05

● 똥으로 건강 상태를 확인할 수 있다는 것을 알고 있나요?

〈가〉 똥을 누면 냄새난다고 코를 막고 바로 물을 내리나요? 앞으로는 물 내리기 전에 한 번 똥을 살펴보세요. 똥의 상태로 현재 내 건강이 어떤지 짐작해 볼 수 있습니다.

〈나〉 가장 먼저, 똥의 색깔을 살펴보세요. 일반적으로 건강한 똥은 노란색, 황토색, 갈색을 띱니다. 나물 등 채소를 많이 먹으면 일시적으로 초록색 똥을 눌 수도 있습니다. 그러나 똥의 색깔이 빨간색이거나 검은색, 흰색 또는 회색이면 몸에 문제가 있다는 신호입니다. 똥이 검은색에 가까우면 식도나 위, 십이지장에 출혈이 있을 수도 있습니다. 흰색 또는 회색빛이라면 간에 이상이 있다는 표시일 수 있습니다. 대장이나 직장에서 피가 나면 빨간색 똥을 누게 됩니다.

〈다〉 똥의 형태 또한 건강 상태를 나타냅니다. 건강한 사람이 누는 똥은 일반적으로 바나나 같은 형태입니다. 그러나 몸에 수분이 부족하면 토끼 똥처럼 자잘하게 끊긴 동그란 똥을 눕니다. 몸에 영양이 매우 부족하거나 대장에 이상이 있으면 유난히 가늘고 긴 똥을 누게 되죠. 물기가 많고 찐득찐득한 똥은 설사 증상입니다.

〈라〉 똥의 냄새도 건강 상태를 알려 줍니다. 건강에 좋은 장내 미생물이 많을 때는 냄새가 지독하지 않고, 오히려 약간 구수한 냄새가 납니다. 그러나 대장균과 같이 나쁜 미생물이 많아지면 아주 독한 냄새가 납니다. 고기를 많이 먹으면 장내 나쁜 미생물이 늘어나 일시적으로 냄새가 더 독해지기도 합니다.

단어 뜻 보기

출혈 피가 혈관 밖으로 나오는 것

형태 사물의 모양

장내 미생물 사람이나 동물의 장 안에 서식하는 균을 포함한 미생물

※똥이 잘 나오는 자세는?

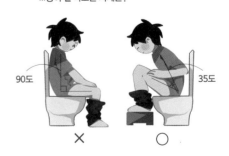

몸과 다리의 각도가 35도일 때 똥이 잘 나옵니다.
받침대에 다리를 올리면 쉽게 자세를 잡을 수 있습니다.

★★★
문단
이해하기 **1** 〈가〉~〈라〉문단의 중심 문장을 각각 찾아서 쓰시오.

- 〈가〉문단: _____

- 〈나〉문단: _____

- 〈다〉문단: _____

- 〈라〉문단: _____

★★
내용
파악하기 **2** 다음 중 건강 상태를 확인하는 기준이 <u>아닌</u> 것은 무엇인가?

① 똥의 색깔   ② 똥의 양

③ 똥의 냄새   ④ 똥의 형태

★★★
내용
파악하기 **4** 다음 중 건강이 좋지 <u>않은</u> 상태라는 것을 나타내는 똥은 무엇인가?

①    ②    ③    ④

★★
내용
파악하기 **4** 아래와 같은 문제가 있을 때 어떤 색깔의 똥을 누게 되는지 쓰시오.

(1) 위나 식도에서 피가 나고 있다.   _____

(2) 대장 쪽에 출혈이 있다.   _____

(3) 간에 문제가 있다.   _____

06

● 온실가스 중 하나인 메탄가스에 관해 알고 있나요?

지구온난화를 일으키는 온실가스로 가장 유명한 것은 이산화탄소입니다. 많은 나라에서 이산화탄소 배출량을 줄이기 위해 화학 연료를 덜 쓰는 방법을 계속 연구하고 있지요. 그런데 이산화탄소뿐만 아니라 메탄가스도 지구온난화를 일으키는 심각한 온실가스라는 것을 알고 있나요?

메탄가스는 이산화탄소와 함께 지구의 열을 밖으로 내보내는 것을 차단하여 지구온난화를 발생시키는 데 한몫하고 있습니다. 심지어 메탄가스가 일으키는 온실효과는 이산화탄소보다 약 20배나 더 강하다고 합니다. 이렇게 강력한 메탄가스를 가장 많이 배출하는 게 무엇인지 아나요? 놀랍게도 소입니다. 전 세계적으로 발생하는 메탄가스의 10~15%가 소의 트림과 방귀를 통해 배출되고 있지요.

소는 되새김질하는 동물로 인간과 달리 위를 네 개 가지고 있어요. 소가 삼킨 음식은 위에서 소의 입으로 되돌아 가서 씹히고 침과 더 섞인 후 다시 삼켜지지요. 이렇게 소가 음식을 소화하는 과정에서 메탄가스가 만들어지는데, 방귀보다는 트림으로 엄청난 양의 메탄가스가 배출된다고 합니다.

안타깝게도 세계 인구가 증가함에 따라 고기 소비량이 더 늘고 있기 때문에 소를 사육하는 농가는 더 많아질 것이고, 그로 인해 메탄가스의 양은 더 늘어날 것으로 예상됩니다. 지금 세계 각지에서는 소의 방귀와 트림 발생을 억제하는 사료를 개발하는 연구가 진행되고 있습니다.

단어 뜻 보기

배출 불필요한 것을 밖으로 내보냄

한몫하고 자기 역할을 충실히 하여 어떤 일에 기여하고 ⊛ 한몫하다

되새김질 한번 삼킨 먹이를 다시 게워 내어 씹는 일

사육 동물(가축)을 먹여 기름

억제 어떤 현상이나 일이 발생하지 않도록 억지로 내리누름

사료 가축에게 주는 먹거리

1 다음 중 이 글에서 주로 다루는 내용은 무엇인가?

① 이산화탄소와 메탄가스 　　　② 소가 발생시키는 메탄가스

③ 메탄가스 배출의 억제 방법 　　④ 메탄가스의 온실효과

 2 다음 중 메탄가스에 대한 설명으로 알맞지 <u>않은</u> 것을 고르시오.

① 지구온난화를 일으키는 온실가스이다.

② 이산화탄소보다 온실효과가 20배 더 강하다.

③ 전체 메탄가스의 10~15%를 소가 배출한다.

④ 미래에는 메탄가스의 발생량이 감소할 것으로 예상된다.

 3 소가 메탄가스를 어떻게 발생시키고, 메탄가스를 어떻게 배출시키는지에
관한 설명을 글에서 찾은 낱말로 완성하시오.

- **메탄가스의 발생**: 소가 ☐☐☐☐ 을 하며 음식을

☐☐ 하는 과정에서 발생

- **메탄가스의 배출**: 소의 ☐☐ 과 ☐☐ 를 통해 배출

 4 메탄가스 배출량을 줄이기 위해 세계 각지에서 하는 일은 무엇인가?

① 소의 숫자를 줄이기 위해 소의 사육을 금지하고 있다.

② 메탄가스를 발생시키는 화석연료 사용을 줄이고 있다.

③ 소의 트림과 방귀를 억제하는 사료를 개발하고 있다.

④ 되새김질하지 않는 소를 개발하려고 연구하고 있다.

● 태양 주위를 도는 행성들의 이름을 알고 있나요?

〈가〉 태양과 태양 주위를 도는 여덟 개의 행성을 묶어서 태양계라고 한다. 그 행성들의 이름은 태양에서 가까운 순서대로 수성, 금성, 지구, 화성, 목성, 토성, 천왕성, 해왕성이다.

하루는 이 행성들이 서로 자기가 가장 멋진 행성이라고 다투기 시작했다.

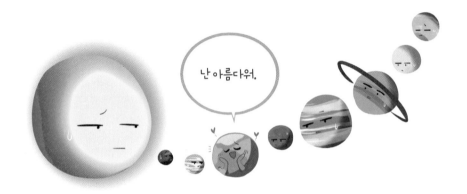

난 아름다워.

〈나〉 "가장 멋진 행성은 나야. 날 둘러싼 위성만 63개로, 너희 중에서 제일 많다고. 게다가 난 태양계에 있는 행성 중에서 가장 커."

목성이 자신만만하게 말했다.

"위성 수만 따지면 나도 60개니까 너만큼 많아. 게다가 이렇게 아름다운 고리가 내 몸을 두르고 있어. 그러니 내가 가장 멋진 행성이 아닐까?"

토성도 질 수 없다는 듯이 말했다.

갑자기 해왕성이 끼어들었다.

"얼음구슬처럼 파랗게 빛나는 나야말로 아주 예쁜 행성이지. 표면 온도는 무려 영하 200도인 데다가, 지름은 5만km 가까이 돼. 위성 숫자도 13개나 되지."

〈다〉 다른 행성들도 앞다투어 자기 자랑을 해댔고, 마지막으로 지구 차례가 왔다.

"난 태양계 중에서 다양한 생명체를 가진 유일한 행성이야. 태양계에서 세 번째 순서라서 식물이 자라기에 적당한 빛과 열을 받고 있지. 태양과 너무 가까우면 뜨거워서 다 타버릴 테고, 너무 멀

단어 뜻 보기

행성 스스로 빛을 내지 못하고 중심별의 빛을 반사하면서 중심별 둘레를 도는 별

위성 행성 둘레를 도는 별

대기 우주에 있는 모든 별의 표면을 둘러싼 공기

최적 가장 알맞음

면 추워서 꽁꽁 얼어 버릴 텐데, 위치가 기가 막히게 좋지? 또한 대기 중에는 생명체가 숨을 쉬기 위해 필요한 산소가 충분해. 난 생명이 자랄 수 있는 최적의 조건을 가진 아름다운 별이야."

지구의 말에 다른 행성들은 입을 다물었다.

낱말 이해하기 ★ **①** '태양계'의 뜻을 글에서 찾아 쓰시오.

_____

내용 파악하기 ★★ **②** 다음 그림에 나오는 각 행성의 이름을 알맞게 쓰시오.

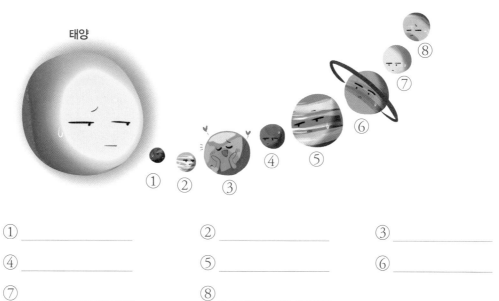

① _____   ② _____   ③ _____

④ _____   ⑤ _____   ⑥ _____

⑦ _____   ⑧ _____

원인과 결과 알기 ★ **③** 지구에서 식물이 잘 자랄 수 있는 이유를 쓰시오.

식물이 자라기에 알맞은 [ ] 과 [ ] 을 받을 만큼

[ ][ ] 과의 거리가 적당함

135

상자 안의 설명이 어느 행성의 특징에 관한 내용인지 알맞은 행성 이름을 쓰시오.

- 태양계의 행성 중에서 가장 크다.　　　　　　(　　　　　)
- 아름다운 고리가 몸을 두르고 있다.　　　　　(　　　　　)
- 대기 중에 산소가 충분하다.　　　　　　　　(　　　　　)
- 63개의 위성을 가지고 있다.　　　　　　　　(　　　　　)
- 위성의 숫자는 60개이다.　　　　　　　　　(　　　　　)
- 표면 온도가 영하 200도이다.　　　　　　　(　　　　　)
- 다양한 생명체가 살고 있다.　　　　　　　　(　　　　　)
- 지름이 약 5만km이고, 13개의 위성이 있다.　(　　　　　)

5 아래 설명에 해당하는 문단의 기호를 쓰시오.

(1) 태양계의 뜻이 풀이된 문단을 쓰시오.　　　　　＿＿＿＿문단

(2) 지구의 특징을 알 수 있는 문단을 쓰시오.　　　　＿＿＿＿문단

(3) 목성과 토성, 해왕성에 관해 소개된 문단을 쓰시오.　＿＿＿＿문단

✪ 나만의 이야기 만들기 ✪

신비한 우주로 여행을 떠나 볼까요?
내가 관심 있는 태양계의 행성 탐사 보고서를 작성해 봅시다.

행성 이름	
크기	
특징	
태양과의 거리	
궁금한 점	
행성의 모습	

◆ 예시 답안은 167쪽에 있습니다.

정답과 해설

어떻게 읽을까
무엇을 읽을까

어떻게 읽을까

독해기술
01

낱말 이해하기

17쪽

> 1 (1) 교훈을 다른 것에 빗대어서 표현하는
> (2) 추측
>
> 2 교활한

① 앞뒤 문장 살피기 (1) 글의 두 번째 문장 '속담은 사람들에게 전하고 싶은 교훈을 다른 것에 빗대어서 표현하는 말입니다'에 속담의 뜻이 나타나 있습니다.

(2) 두 번째 문단의 내용은 '돌다리도 두들겨 보고 건너라'라는 속담의 뜻을 어떻게 추측할 수 있는지 설명하고 있습니다. 정확한 뜻을 몰라도 속담에 관해 생각해 보면 뜻을 짐작할 수 있다고 말합니다. 따라서 '추측하다'가 '미루어 짐작하다'와 같은 의미의 낱말임을 알 수 있습니다.

② 단서로 낱말 추측하기 글에서 어떤 낱말의 뜻을 설명하는 단서로 '속이고', '나쁜 꾀를 많이 내는', '꾀에 넘어가 속은'을 제시하고 있습니다. 글에서 말하는 내용은 글의 첫 번째 문장 '세계 여러 문화권에서는 여우를 교활한 동물이라고 생각했습니다'에 관한 자세한 설명입니다. 따라서 단서들은 옛날 사람들이 생각한 여우의 특성인 '교활함'의 뜻을 나타낸다고 볼 수 있습니다.

독해기술
02

가리키는 말 알기

19쪽

> 1 (1) 공룡이 멸종한 원인
> (2) ① 너: 은우 ② 개: 민석 ③ 너: 은우
>
> 2 ㉠그 다리: 섬과 육지 사이에 생긴 얼음 다리
> ㉡그 이후: 늑대 때문에 풀을 뜯어먹는 사슴의 수가 줄자 이번에는 다시 풀이 무성해지기 시작한 (이후)

① 알맞은 대상 찾기 (1) 그것 앞에 '전 세계의 많은 학자가 연구하는 것이 공룡이 멸종한 원인'이고, 뒤에 '정확하게 파악하지 못했다'고 하니 그것이 '공룡이 멸종한 원인'을 가리키는 말이라는 것을 알 수 있습니다.

(2) 대화를 자세히 읽지 않으면 '너'와 '개'가 누구를 가리키는지 헷갈릴 수 있습니다. 한 친구가 '은우'에게 전화를 걸어서 은우가 민석이란 이름의 친구와 함께 있는지 묻습니다. 3시에 만나기로 한 '민석'이가 나타나지 않자 혹시 민석이가 '은우'와 함께 있는지 궁금해서 전화를 건 것이지요.

② 가리키는 대상 찾기 ㉠그 다리의 앞을 보면 '어느 해 겨울, 또다시 혹독한 추위가 찾아와 섬과 육지 사이에 얼음 다리가 생겼다'라는 문장이 나옵니다. ㉡그 이후 앞에 '늑대 때문에 풀을 뜯어 먹는 사슴의 수가 줄자 이번에는 다시 풀이 무성해지기 시작했다'라는 문장이 나옵니다.

원인과 결과 알기

21쪽

> 1 해설 참조
> 2 열을 빨리 몸 밖으로 내보내기
> 3 해설 참조
> 4 (1) 직사광선, 피부
>   (2) 습도, 열을 간직하고 전달하는 수분이 별로 없다

1 원인과 결과 구분하기 문장의 형태를 꼼꼼히 뜯어 보세요. '(왜냐하면) ~하기 때문이다'는 '원인'을 나타내는 문장 형태입니다. '~해서/하자 …했다'류의 문장은 '~해서/하자'에 해당하는 부분이 '원인', '…했다'가 '결과'에 관한 내용입니다.

(1) 어제 잠을 잘 자지 못해서[원인] / 오늘 수업시간 내내 졸았다[결과].

(2) 오늘은 모처럼 햇볕이 좋고 바람이 많이 불어서[원인] / 널어놓은 빨래가 잘 말랐다[결과].

(3) 나는 엄마보다 아빠와 노는 것을 더 좋아한다[결과]. / 왜냐하면 아빠와는 축구나 게임을 같이 할 수 있기 때문이다[원인].

(4) 바다에 버려지는 쓰레기양이 엄청나기 때문에[원인] / 태평양에는 쓰레기 섬이 생겼다[결과].

(5) 함박눈은 그 안에 습기가 많아 잘 뭉쳐지므로[원인] / 눈사람을 만들거나 눈싸움을 할 때 눈 뭉치를 만들기 쉽다[결과].

2 원인 파악하기 마지막 문단에 사막여우의 귀가 큰 이유가 나옵니다. 조금만 더워도 금방 열이 나는 더운 사막에서 사는 사막여우는 '열을 빨리 몸 밖으로 내보내려면' 귀가 큰 게 유리하기 때문에 큰 귀를 갖게 되었다고 합니다. 글의 마지막 문장 '그래서 내 귀가 큰 거란

다'의 '그래서'가 앞에 나온 내용에 관한 결과를 나타내는 표시라는 것도 알아 두세요.

3 원인과 결과 알기 원인과 결과를 파악하려면 문장의 형태나 사용된 표현을 꼼꼼하게 살펴보아야 합니다. '그 주된 원인은', '~계산을 잘 이해하지 못하면서'와 같은 부분이 '원인'을 나타내는 표시입니다.

원인	결과
(분수)의 개념을 제대로 이해하지 못하는 상태에서 (분수)를 더하거나 곱하는 등의 계산을 해야 해서	초등학교 3학년이 되면서부터 (수학)을 어렵다고 느끼고 피하고 싶어 하는 학생이 많다.

4 원인과 결과 이해하기 (1) 사막 지역의 사람들이 천으로 온몸을 감싼 이유를 설명하는 글로, 그 이유는 마지막 문장에 직접 언급됩니다. '따라서 낮의 따가운 직사광선으로부터 피부를 보호하기 위해서 온몸을 덮는 긴 옷을 입었습니다'.

(2) 사막 지역은 '습도'가 낮습니다. 즉, 공기 중에 '열을 간직하고 전달하는 수분이 별로 없기' 때문에 낮에 따가운 햇살을 피해 그늘에 들어가면 시원하게 느낄 수 있습니다.

독해기술 04 내용 파악하기

1 (1) 그래서 (2) 하지만 (3) 그리고 (4) 왜냐하면
2 (1) 해설 참조 (2) ①-ⓒ, ②-⊙
   (3) 생생하게, 표현력
3 (1) ④ (2) ① ○ ② × ③ ○ ④ ×
4 (1) 이동, 무선 (2) ③ (3) ①
   (4) 데이터 전송 속도 (5) ④ (6) 5G

1 이어 주는 말 이해하기 문장 간의 관계를 알아야 글의 내용과 흐름을 올바르게 이해할 수 있습니다. 이어 주는 말의 성격을 파악하세요.

(1) 두 문장을 읽어 보면, 앞의 문장이 뒤 문장의 근거(이유)가 됩니다. 근거(이유)와 결과를 이어 주는 말이 나와야 하므로 '그래서'가 알맞습니다.

(2) 앞 문장에는 태희의 장점인 솔직함과 착함이 언급되고, 뒤 문장에서는 그 솔직함 때문에 느끼는 불편한 감정에 관해 말하고 있습니다. 앞의 문장과 뒤 문장이 서로 다른 말을 하므로 다름 또는 반대임을 나타내는 '하지만'이 가장 알맞습니다.

(3) 앞 문장에서 운동이 필요한 이유는 살을 빼기 위한 것이고, 뒤 문장에서 먹는 것을 조절해야 하는 이유도 살을 빼기 위해서이라고 말하고 있습니다. 앞뒤에 비슷한 내용이 서로 이어지므로 '그리고'가 나와야 자연스럽습니다.

(4) 학교에서 먹는 점심 급식이 맛있기 때문에 학교 가는 것을 좋아한다고 하니, '원인'을 나타내는 이어 주는 말이 들어가야 한다는 것을 알 수 있습니다. '왜냐하면'으로 시작하는 문장은 '~때문이다'로 끝날 때가 많습니다.

2 중요한 정보 찾기 (1) 이야기 형식의 글을 읽을 때 '누가, 언제, 어디서, 무엇을, 어떻게, 왜'를 정리하면서 읽으면 글의 뼈대를 쉽게 파악할 수 있습니다.

누가	언제	무엇을
우리는 선생님에게서	오늘 (국어시간)에	(의성어)와 (의태어)에 관해 배웠다. • (의성어)의 예: 땡땡땡, 야옹야옹, 멍멍, 꿀꿀, 꽥꽥 • (의태어)의 예: 살금살금, 반짝반짝

(2) 두 번째 문장에 '사물 또는 사람이 내는 소리를 흉내 낸 말을 의성어, 사물 또는 사람의 움직임이나 모양을 흉내 낸 말을 의태어라고 한다'라고 나와 있습니다.

(3) 의성어와 의태어를 많이 알아둘 때의 장점은 글의 마지막 문장에 언급되어 있습니다. '선생님은 의성어와 의태어를 쓰면 상황을 생생하게 전달할 수 있고, 표현력이 풍부해지기 때문에 의성어와 의태어를 많이 알아두면 좋다고 말씀하셨다'라고 나옵니다. 문장의 형태를 봐도 '~기 때문에'에서 그 앞의 내용이 '원인', 뒷부분이 '결과'를 나타내고 있다는 것을 알 수 있습니다.

3 중요한 정보 찾기 (1) 두 번째 문장 '혹독한 환경에서 사는 황제펭귄들은 영하 45도에 이르는 추위와 차갑고 날카로운 바람을 견디기 위해 서로 몸을 밀착해 동그란 원 형태로 무리를 짓는다'에 질문의 답이 나옵니다.

(2) 남극에 사는 황제펭귄들은 추운 겨울이 오면 몸을 밀착한 채 둥글게 무리를 지어 서로의 온기를 나눕니다. 무리는 바람 부는 방향을 따라 아주 천천히, 조금씩 이동하는데, 이동 중에 밖에 있던 펭귄들과 안쪽에 있던 펭귄들이 서로 위치를 바꿔 주면서 온기를 공평하게 나눕니다.

④ 세부 정보 찾기 독해 문제를 풀 때 질문에 나온 낱말이 글 어디에 나오는지 빨리 확인하면 답을 쉽게 구할 수 있습니다.

(1) 표의 첫 번째 줄에 '이동통신'의 뜻이 나옵니다. 이동통신이란 '이동하면서 무선으로 통신하는 방법'입니다.

(2) 질문에서 '이동통신의 정보 유형'에 관해 묻고 있으므로 해당 말이 나오는 곳을 빨리 찾으세요. 이동통신이의 정보 유형은 '음성, 데이터, 화상, 영상, 멀티미디어 등'이라고 나옵니다. 따라서 틀린 것은 ③입니다.

(3) 표에서 영어 대문자 'G의 의미'를 설명하고 있는 곳을 빨리 찾아봅시다. G는 Generation의 약자로 '세대'를 뜻한다고 나옵니다.

(4) 표의 'G의 의미' 칸에 보면 '데이터 전송 속도'에 따라 발전 세대를 나눈다고 나옵니다.

(5) 표의 '데이터 전송 속도에 따른 구분'의 아래에 각 G에 관한 내용이 구체적으로 나옵니다. 영화나 드라마 등을 스마트폰으로 실시간 볼 수 있는 것은 '4G'부터입니다.

(6) 2020년경 상용되어 사물인터넷 시대를 이끌 것은 '5G'입니다.

독해기술 05 글감과 주제 알기

31쪽

1 (1) 우파루파 (2) ④

2 (1) ③ (2) ④ (3) 해설 참조

(4) ① 탄자니아 ② 몽골 ③ 캄보디아

(5) ②, ③

(6) 옛날 사람들은 자기들이 사는 지역의 날씨, 지역에서 쉽게 구할 수 있는 재료, 생활 방식에 따라 살기 편하게 집을 지었다. 그 결과, 이러한 전통 집은 지역에 따라 서로 구별되는 독특한 형태를 보인다.

3 (1) **고양이, 대책** (2) ② (3) ③ (4) ④

---

① 글감 파악하기 (1) 도롱뇽의 일종인 '우파루파'라는 동물을 소개하는 글입니다.

(2) 우파루파는 멕시코 지역의 호수에서 사는[**서식지**] 동물로, 귀여운 외양에 키우기와 번식시키기가 쉬워서 반려동물로 큰 인기를 누리고 있다[**인기 원인**]는 내용이 나옵니다. 머리가 넓고 다리는 가는 체형으로, 몸의 색이 다양하며[**외양**], 다 자랐을 때의 크기는 20~30cm 정도[**크기**]라고 나옵니다. 이름의 유래에 관한 내용은 언급되지 않았습니다.

② 설명문의 주제 파악하기 (1) 세계의 여러 지역에는 그 특성에 따라 독특한 형태의 집을 지었다는 내용이 나오고, 그다음부터 캄보디아의 전통 집, 탄자니아 마사이족의 전통 집, 몽골의 전통 집이 첫 번째 문단에서 말한 내용의 예로 소개되어 있습니다. 따라서 빈칸 ㉠에 들어갈 알맞은 이어 주는 말은 '예를 들어'입니다.

(2) 이 글은 각 지역의 특성에 맞춰 어떤 집들이 지어졌는지에 관해 이야기하고 있습니다. 따라서 글감은 '각 지역의 전통 집'입니다.

(3) 세부 정보를 잘 파악하고, 관련 있는 정보를 제대로 짝지을 수 있어야 합니다.

지역-나라 이름	집의 재료
아프리카 – (탄자니아)	(쇠똥)을 벽과 바닥에 바른다
동남아시아 – (캄보디아)	기둥을 세우고 그 위에 (나무)로 집을 짓는다
중앙아시아 – (몽골)	나뭇가지로 엮은 벽을 (양털)로 만든 펠트로 두르고 흰색 천을 지붕에 씌운 (둥근) 형태의 텐트를 친다

(4) (3)의 표를 제대로 채웠다면 (4)는 쉽게 풀 수 있습니다. 벽에 진흙 같은 것을 잔뜩 바른 것은 '탄자니아'의

쇠똥 집, 양털로 만든 펠트를 두르고 흰색 천을 지붕에 씌운 텐트는 '몽골'의 게르, 땅에서 들려 있는 나뭇집은 '캄보디아'의 전통 집입니다.

(5) 캄보디아 전통 집에 관한 설명은 두 번째 문단에 나옵니다. 땅에 기어 다니는 뱀을 피하고 우기에 엄청나게 쏟아지는 비에 집이 잠기는 것을 막으려고, 기둥을 세운 다음 그 위에 나무로 집을 짓습니다. 따라서 ②와 ③이 답입니다.

(6) 이 글은 캄보디아, 탄자니아, 몽골의 전통 집을 소개하면서 옛날 사람들이 어떻게 자기들이 사는 지역의 날씨 등 여러 특성에 맞춰 집을 지었는지 이야기하는 글입니다. 따라서 이러한 내용이 담긴 글의 '첫 번째 문단의 문장들'이 글의 주제를 나타냅니다.

3 이야기의 주제 파악하기 (1) 쥐들이 한자리에 모인 이유는 글의 첫 번째 문단 마지막 문장에서 찾을 수 있습니다. 쥐들은 자기들을 잡아먹고 괴롭히는 '고양이'에 대항하기 위한 '대책'을 세우려고 다 같이 모였습니다.

(2) 고양이 목에 방울을 달자고 의견을 낸 젊은 쥐는 '고양이 목에 방울을 달면 움직일 때 소리가 나니까 그 소리를 듣고 도망갈 수 있을 것입니다'라고 말합니다.

(3) ㉠ 앞에는 고양이가 다가오는 소리를 듣지 못하기 때문에 쥐들이 당하고 있다, 뒤에는 고양이 목에 방울을 달면 움직일 때 나는 방울 소리 때문에 쥐들이 피할 수 있다는 내용이 나옵니다. 그러므로 ㉠에는 앞과 다른 내용이 나온다는 것을 표시하는 말이 나오는 것이 알맞습니다.

㉡의 앞 내용을 보면 늙은 쥐는 고양이 목에 방울을 다는 것을 좋은 의견이라고 평가하면서 ㉡ 뒤에 누가 그 일을 할 것인지 묻습니다. 앞의 희망적인 내용과는 반대되는 분위기의 말이 뒤에 이어지므로 그것에 어울리

는 말을 골라야 합니다. 그러므로 '③ 하지만 — 그런데'가 각 빈칸에 들어가는 것이 가장 알맞습니다.

(4) 고양이 목에 방울을 달자는 좋은 의견을 실행할 용기가 없는 쥐들의 모습을 보여 주면서 '아무리 좋은 계획도 실제로 실행할 수 없으면 소용이 없다'는 것을 이 글은 알려 주고 있습니다.

독해기술 06 적용하기

37쪽

1 (1) **자몽** (2) **사과** (3) **오이** (4) **매실매실**
(5) **포도** (6) **수박**

1 정보 적용하기 과일 또는 채소와 소리는 같지만, 뜻은 완전히 다른 말들을 소개하는 글입니다.

(1) 잠을 못 자서 졸리고 정신없는 상태를 표현하는 말은 '자몽하다'입니다.

(2) 자신의 잘못해 관해 미안한 마음을 전하는 상황입니다. 이 상황에 어울리는 것은 '잘못을 인정하고 용서를 구하다'라는 뜻의 '사과하다'입니다.

(3) 남의 충고가 귀에 거슬리는 상황이므로 이 문장에 어울리는 말은 '오이하다'입니다.

(4) 잘못을 인정하지 않고 뻔뻔하게 구는 친구를 볼 때 얄미운 느낌이 들겠죠. 이런 상황에 어울리는 말은 '사람이 되바라져서 얄밉다'라는 뜻의 '매실매실하다'입니다.

(5) 반역을 꾀하다가 발각되면 살기 위해 도망을 칠 것입니다. '죄를 짓고 도망가다'라는 뜻의 '포도하다'가 이 문장에 잘 어울립니다.

(6) 죄인은 죄를 지은 사람이므로 그런 사람을 놓쳐서 도망가게 내버려두면 안 되겠죠. 이런 상황에는 '붙잡아서 묶다'라는 뜻의 '수박하다'를 쓰는 것이 알맞습니다.

추론하기

39쪽

> 1 ⑴ 우유, 시장   ⑵ ①
> 2 ⑴ 해설 참조   ⑵ ④   ⑶ ③
>   ⑷ 눈치가 빠르다, 영리하다   ⑸ ①

1 벌어질 일 예측하기 글에 주어진 정보와 내용만을 바탕으로 예상을 하고 추측하는 것이 추론입니다.

⑴ 소녀는 '시장'에 가서 '우유'를 팔아 돈을 벌 생각을 하고 있었습니다.

⑵ 글의 마지막 문장을 보면, 소녀는 상상에 빠져 발 앞의 큰 돌덩이를 보지 못하고 계속 걷고 있었습니다. 따라서 '돌에 발이 걸려 소녀가 넘어지고 머리에 인 우유통을 떨어뜨릴 것'이라고 예상할 수 있습니다.

2 원인, 성격 추론하기 ⑴ ㉠자신의 처지가 무엇인지 구체적으로 알려면 앞의 내용을 확인해야 합니다. 앞을 읽으면 사자가 물에 비친 자신의 모습을 보며 '이제는 늙고 병들어서 예전처럼 달릴 수도, 먹이를 사냥할 수도 없구나. 이제 죽을 일만 남았어'라고 한탄하는 모습이 나옵니다. 따라서 ㉠자신의 처지란 바로 '늙고 병들어서 예전처럼 달릴 수도 먹이를 사냥할 수도 없으니 이제 죽을 일만 남은 사자의 상황'입니다.

⑵ 사자는 동물들이 자기 발로 집에 찾아왔기 때문에 사냥을 하지 않고도 쉽게 동물을 잡아먹을 수 있었습니다. 따라서 사자는 병문안 온 여우도 잡아먹기 위해 집으로 들어오라고 초대했다는 것을 추측할 수 있습니다.

⑶ '집으로 들어가는 발자국은 보이는데 밖으로 나오는 발자국은 보이지 않는다'는 것은 밖으로 나온 동물이 없다는 뜻입니다. 그 사실로 여우는 사자의 집에 들어간 동물들이 모두 잡아 먹히고 살아서 나오지 못했음을 알아차렸습니다.

⑷ 발자국의 방향만으로 위험을 알아차린 여우는 '눈치가 빠르고', '영리하다'는 것을 알 수 있습니다.

⑸ 신중하게 상황을 살피고 올바른 판단을 내려서 목숨을 구한 여우의 이야기를 통해 '정신을 똑바로 차리고 있으면 위험을 피할 수 있다'는 사실을 알 수 있습니다.

문단 이해하기

43쪽

> 1 해설 참조

1 문장의 역할 알기 하나의 문단은 '하나의 중심 내용을 담은 문장'과 그 문장을 '부연 설명하는 문장(들)'으로 구성됩니다. 보통은 문단의 첫 문장이 중심 내용을 담은 문장인 경우가 많습니다. 그러나 간혹 마지막 문장에 중심 내용이 담겨 있을 때도 있으니 잘 확인하세요.

⑴ ① 한 분야의 전문가가 되기 위해서는 최소한 1만 시간의 훈련과 노력이 필요하다.   **중심**

② 이것을 가리켜 '1만 시간의 법칙'이라고 한다.   **부연**

③ 1만 시간이란 매일 3시간씩이면 햇수로 약 10년, 10시간씩이면 3년이 걸리는 시간이다.   **부연**

⑵ ① 인체의 70%를 차지하는 물은 우리에게 매우 중요합니다.   **중심**

② 그런데 땀이나 대소변 등을 통해 매일 몸에서 약 2ℓ의 수분이 빠져나가지요.   **부연**

③ 하지만 매일 2ℓ의 물을 마시면 수분을 보충할 수 있습니다.   **부연**

⑶ ① 세계 여러 나라에는 고유의 특색을 드러내는 전통의상이 있다.   **중심**

② 우리나라의 전통의상인 한복은 직선과 곡선이 만들어내는 조화와 아름다운 색으로 유명하다.　**부연**

③ 중국의 전통의상인 치파오는 보통 몸에 딱 맞게 입으며, '차이니즈 칼라'라고 부르는 각진 옷깃이 특징이다.　**부연**

④ 일본의 전통의상은 기모노인데, 특히 여자들이 입는 기모노는 성큼성큼 걸을 수 없을 만큼 옷의 폭이 좁고, 소매는 길고 넓다.　**부연**

독해기술 09　요약하기

45쪽

1　ⓒ, ⊙, ⓔ, ⓛ
2　(1) ③　(2) ③　(3) ① 〈나〉 ② 〈다〉 ③ 〈가〉
　(4) 해설 참조

1 사건 순서 파악하기 '요약하기'는 글에서 중요한 내용만을 따로 빼서 짧게 간추리는 것입니다. 요약을 하려면 핵심 내용과 벌어진 사건의 순서를 제대로 알고 있어야 합니다.

이야기를 세 부분으로 나누면 '처음 부분'에는 위풍당당한 멋진 뿔을 가진 수사슴이 등장합니다. '가운데 부분'에는 뿔을 자랑스럽게 여기지만 다리는 가늘고 볼품없다고 생각하는 수사슴을 잡아먹으려고 사자가 덮치는 장면이 나옵니다. '마지막 부분'에는 자랑스럽게 여기던 뿔 때문에 결국 사자에게 잡아 먹히는 수사슴의 모습이 그려집니다. 이것에 맞춰 ⊙~ⓔ을 나열하세요.

2 구조도 짜기 (1) 이 글은 전 세계적으로 가장 인기 있는 판타지 소설인 〈해리 포터〉에 관한 정보를 제공하고, 그 소설의 가치를 설명하는 글입니다. 따라서 글의

글감은 '소설 〈해리 포터〉'입니다.

(2) 전 세계에서 가장 인기 있는 판타지 소설인 〈해리 포터〉는 총 7권으로 이루어져 있고, '해리 포터'란 주인공의 이름입니다. 이 소설의 작가는 영국 여왕이 아니라 조앤 롤링입니다. 〈해리 포터〉는 기본적으로는 판타지 소설이지만, 한 소년이 어른이 되어가는 과정을 그린 성장소설이기도 합니다.

(3) 〈나〉문단에는 〈해리 포터〉의 줄거리가 설명되어 있고, 전 세계 어린이가 이 소설을 읽고 공감하는 이유가 나온 문단은 〈다〉입니다. 〈해리 포터〉의 작가에 관한 이야기가 나오는 것은 〈가〉문단입니다.

(4) 〈해리 포터〉의 줄거리 및 관련 정보, 그리고 이 소설이 지닌 가치에 관해 설명하는 글입니다. 글의 세부 정보를 꼼꼼히 파악해 빈칸을 채우도록 합시다.

	분야	(판타지) 소설	
〈해리 포터〉	작가	조앤 롤링	
	권수	총 (일곱)권	• 첫 번째 편 출간: 1997년 6월 • 마지막 편 출간: 2007년 8월
	줄거리	(해리 포터)라는 이름의 소년이 호그와트 (마법학교)에서 자신의 (마법사)로서의 능력을 깨닫고 성장해간다. 마왕 볼드모트가 부활하자 동료들과 함께 힘을 모아 그에 맞서 싸워 학교와 (마법)세계의 평화를 지킨다.	
	기타 특징	한 소녀가 자신의 과거와 미래에 대해 고민하며 한 명의 어른으로 (성장)하는 과정을 그린 (성장소설)로도 볼 수 있다.	

실전! 독해 테스트

[1~2] 48쪽

1 ③

2 구름, 구름, 얼음, 영하

1 글감과 주제 알기 글에서 주로 설명하고 있는 것은 눈이 어떻게 만들어져서 내리는지, 즉 눈이 내리는 과정입니다. 따라서 글감은 '③ 눈이 내리는 과정'입니다.

2 원인과 결과 알기 물방울들이 수증기가 되어 하늘로 올라가서 '구름'이 만들어집니다. 구름 속의 물방울들은 온도가 낮고 추우면 '얼음' 알갱이가 되고, 이런 알갱이들에 수증기가 계속 달라붙으면서 무거워져서 더 '구름' 속에 있을 수 없게 되면 땅에 떨어집니다. 이때 날씨가 '영하'의 기온이 될 정도로 추우면 알갱이들이 떨어질 때 서로 엉겨 붙어 눈송이가 됩니다.

[3~5] 49~50쪽

3 ㉠: (대동여지도에) 인공위성으로 찍은 사진과 비교해도 크게 다르지 않을 만큼 정확하게 우리나라의 산맥, 강, 마을 등이 표시(되게)
㉡: 김정호가 온 나라를 구석구석 걸어 다니고 백두산을 일곱 번이나 다녀왔는지

4 해설 참조

5 ③

3 가리키는 말 알기 ㉠이렇게가 무엇을 가리키는지 알려면 앞 내용을 확인해야 합니다. 앞을 보면 '(대동여지도에) 현대에 인공위성으로 찍은 사진과 비교해도 크게 다르지 않을 만큼 정확하게 우리나라의 산맥, 강, 마을 등이 표시되어 있다'라고 나옵니다.
㉡그랬는지가 가리키는 내용은 앞에 나옵니다. 앞을 보

면 '(이렇게 만들기 위해) 김정호가 온 나라를 구석구석 걸어 다니고 백두산을 일곱 번이나 다녀왔다는 말도 전해지지만'이라고 나오므로 거기서 답을 알아낼 수 있습니다.

4 요약하기 요약표의 빈칸을 채우기 위해서는 글을 꼼꼼히 읽고 세부적인 정보를 확인해야 합니다. 대동여지도는 '1861년' 조선 후기 지리학자인 '김정호'가 완성한 지도로, 총 '22개'의 '목판'에 제작되었습니다. 이 목판들을 다 펼치면 가로 약 '4m', 세로 약 '7m' 정도로 매우 큽니다. '목판'에 새겨져 있기 때문에 손쉽게 찍어낼 수 있었고, 우리나라의 산맥, 강, 마을 등이 굉장히 '정확하게' 표시된 것이 특징입니다.

대동여지도	
제작 시기	(1861)년 조선 후기
대표 제작자	지리학자인 (김정호)
지도를 새긴 재료	총 (22)개의 (목판)에 새김
지도의 크기	다 펼쳤을 때: 가로 약 (4)m, 세로 약 (7)m
특징	• (목판)에 새겨져 있어서 손으로 직접 베끼지 않고 쉽게 찍을 수 있었음 • 우리나라의 산맥, 강, 마을 등이 비교적 (정확하게) 표시됨

5 내용 파악하기 김정호는 대동여지도를 만든 조선 후기의 지리학자입니다. 그는 처음부터 지도를 쉽게 찍을 수 있게 목판에 제작했습니다. 글의 마지막 문장에 '당시 함께 지도 만들기에 참여한 동료들의 글에서 추측하면 ~'이라고 나와 있으므로 김정호는 대동여지도를 혼자서 다 만든 게 아니라 동료들의 도움을 받았다는 것을 알 수 있습니다. '이렇게 만들기 위해 김정호가 온 나라를 구석구석 걸어 다니고 백두산을 일곱 번이나

다녀왔다는 말도 전해지지만, 실제로 그랬는지는 알 수 없습니다'라는 문장에서 '③ 지도를 만들려고 전국을 돌아다녔다는 기록이 있다'는 사실이 아님을 알 수 있습니다.

[6~9] 51~52쪽

6　③

7　②

8　(1) ○ (2) ✕ (3) ✕ (4) ✕

9　①

⑤ 내용 파악하기 ㉠ 앞의 내용을 보면 처음에 소년이 단지 안에 손을 집어넣었을 때는 들어갔다는 내용이 나오는데, ㉠ 뒤에는 손이 빠지지 않았다고 합니다. ㉠ 뒤에 앞의 내용과 반대되는 내용이 나오므로 ㉠에는 '그러나'가 들어가는 것이 알맞습니다.

⑦ 추론하기 손에 아무것도 쥐고 있지 않았을 때는 단지 안으로 손을 넣을 수 있었지만, 초콜릿을 손에 잔뜩 움켜쥐니 손을 뺄 수 없었습니다. 그렇다면 손을 뺄 수 있을 만큼 쥐고 있던 초콜릿을 조금씩 놓아야 하는데 초콜릿을 많이 먹고 싶은 '욕심' 때문에 이러지도 저러지노 못하는 소년의 모습을 보아, 소년은 욕심이 많은 성격이라고 추측할 수 있습니다.

⑧ 내용 파악하기 유리 단지 안에는 소년이 좋아하는 초콜릿이 들어 있었습니다. 단지가 무거워서 단지를 들거나 움직일 수 없었던 소년은 단지 안에 손을 넣어서 초콜릿을 빼내려고 했습니다. 그런데 단지의 목이 좁고 길었기 때문에 소년은 손가락을 길게 편 다음 손을 한껏 오므려서 단지 안에 손을 넣었습니다.

⑨ 글감과 주제 알기 초콜릿을 잔뜩 움켜쥔 손 때문에 단지 밖으로 손을 빼지 못하는 소년의 모습과 엄마의 말 "한 번에 다 가지려 하지 말고 손에 쥔 것을 몇 개 놓아 보렴. 그럼 조금이라도 가질 수 있을 거야."에서 글의 교훈(주제)을 파악할 수 있습니다.

[10~12] 53~55쪽

10　수평

11　(1) ⟨가⟩

　(2) ⟨나⟩, ⟨다⟩, ⟨라⟩

　(3) 우리가 종이를 자를 때 쓰는 가위에도 지렛대의 원리가 적용되어 있습니다.

　(4) 병뚜껑을 따는 병따개도 지렛대의 원리를 이용한 물건입니다.

12　④

⑩ 낱말 이해하기 ⟨나⟩문단에서 시소의 원리에 관해 설명하면서 '~무거운 친구가 시소의 중앙에 있는 받침대로 가까이 움직이면 서서히 수평이 맞추어지며 시소가 어느 한쪽으로 기울지 않게 되지요'라고 말합니다. '수평을 맞추면' 어느 한쪽으로 치우치지 않고 양쪽이 평평하게 균형이 맞는 상태가 되니까 '수평'이 상자 안의 뜻을 가진 낱말임을 추측할 수 있습니다.

⑪ 문단 이해하기 (1) 지렛대가 무엇이고 어떻게 작용하는지 그 원리를 설명하고 있는 것은 ⟨가⟩문단입니다.

(2) ⟨나⟩, ⟨다⟩, ⟨라⟩문단에 지렛대의 원리로 만들어진 물건의 예가 나옵니다. ⟨나⟩문단에서는 시소, ⟨다⟩문단은 가위, ⟨라⟩문단에서는 병따개를 소개하며 이러한 물건에 지렛대의 원리가 어떻게 적용되었는지 설명하고 있습니다.

(3) ⟨다⟩문단의 첫 번째 문장 '우리가 종이를 자를 때 쓰

는 가위에도 지렛대의 원리가 적용되어 있습니다'가
〈다〉문단의 중심 내용을 담은 문장입니다. 나머지 문
장들은 가위에 지렛대의 원리가 어떻게 적용되어 있는
지를 부연 설명하고 있습니다.

⑷ 〈라〉문단의 첫 번째 문장 '병뚜껑을 따는 병따개도
지렛대의 원리를 이용한 제품입니다'가 〈라〉문단의 중
심 내용을 담은 문장입니다. 나머지는 지렛대로 병따개
를 어떻게 사용하는지를 부연 설명하는 문장들입니다.

⑫ 적용하기 글에서 설명하는 것은 '지렛대의 원리'입니
다. 따라서 숟가락을 지렛대 삼아 통 안의 햄을 빼낸다
는 내용의 ④가 알맞은 답입니다.

1과 **재미있는 글**

그림 보고 예상하기   59쪽

1. ⑴ (ㄴ) ⑵ (ㄱ)
2. ⑴ (ㄱ) ⑵ (ㄴ)
3. ⑴ (ㄴ) ⑵ (ㄴ)

61쪽

01
1 ②   2 ②
3 돈을 몰래 훔치려고
4 ⑴ ○ ⑵ × ⑶ ○ ⑷ ×

① 정보 적용하기 나뭇잎을 붙이자 사마귀의 모습이 보이
지 않았고, 나뭇잎을 돌 위에 올려놓았더니 돌이 보이
지 않았습니다. 나뭇잎을 소금장수 이마에 붙이니 소금
장수의 모습도 보이지 않았습니다. 이 나뭇잎은 그것을
붙인 대상의 모습을 보이지 않게 하는 신기한 힘을 가
졌다는 것을 알 수 있습니다.

② 추론하기 소금장수가 부자가 되었다는 소문을 듣고
친구는 샘이 나서 소금장수에게 부자가 된 방법을 캐물
어 그 참나무를 찾아갔습니다. 그런 다음 나뭇잎을 붙
이고 다른 상인들의 돈을 몰래 훔치려고 했습니다. 이
것으로 보아 소금장수 친구는 '자기도 부자가 되고 싶
었다는 것'을 알 수 있습니다.

③ 내용 파악하기 자기 모습이 보이지 않는다고 착각한
소금장수 친구가 가장 먼저 한 일은 시장에 가서 다른
상인들의 돈을 몰래 훔치려고 한 것입니다. 따라서 소
금장수 친구가 가진 나쁜 마음은 '다른 사람의 돈을 몰
래 훔치려고 한 것'임을 추측할 수 있습니다.

③ **내용 파악하기** 소금장수는 신기한 나뭇잎을 발견하고 집으로 가져왔습니다. 나뭇잎을 이마에 붙이니 가족들은 소금장수의 모습을 보지 못했습니다. 소금장수는 나뭇잎을 붙이고 산짐승을 잡아 가죽과 고기를 팔았습니다. 소금장수는 부자가 된 비밀을 친구에게 알려 주었습니다.

④ **글감과 주제 알기** 농부는 자기가 처한 환경에 불평과 불만이 가득했습니다. 노인은 현재보다 더 나쁜 상황을 만들었다가 더 나빠지게 만든 원인을 제거해서 농부에게 행복하다고 느끼게 해 주었습니다. 처음과 달라진 점이 없었지만, 농부는 현재 상황을 긍정적으로 보게 되면서 만족하게 된 것입니다. 따라서 답은 '현재의 상황을 긍정적으로 보면 만족할 수 있게 된다'라는 ②임을 알 수 있습니다.

63쪽

02	1	1. 염소를 집 안에 들여놓고 길러라. 2. 닭도 집에 들여놓아라.
	2 ④	3 ④ 4 ②

① **내용 파악하기** 조언을 구하는 농부에게 노인이 한 말은 첫째 '염소를 집 안에 들여놓고 키우라'는 것, 둘째 '닭도 집에 들여놓으라'고 한 것입니다.

② **원인과 결과 알기** 집은 좁고 모아 둔 돈도 없어서 농부는 자기가 불행하다고 생각했습니다. 그런 좁은 집에 염소와 닭을 들이자 집은 더 좁아졌고, 냄새가 너무 심해서 더 괴로울 뿐이었습니다. 하지만 염소와 닭을 집 밖으로 내보내니 집이 넓어진 데다가 냄새도 안 나게 되었습니다. 바로 이 점 때문에 농부는 집이 천국 같아졌다고 생각하게 되었습니다.

③ **내용 파악하기** 처음에 농부는 "어르신, 저는 정말 불행합니다."라고 했습니다. 다음에는 노인의 조언대로 염소와 닭을 집에 들여 키우면서는 더 상황이 나빠져서 화를 냅니다. 이후에 동물들을 다 내보내고 난 뒤에는 "전 이제 정말 행복합니다."라고 말합니다.

65쪽

03	1	(1) 〈가〉, 〈나〉, 〈다〉 (2) 〈가〉 (3) 〈라〉
	2 해설 참조	3 ④ 4 ①

① **문단 이해하기** 각 문단에 어떤 내용이 나오고 각 문단의 역할이 무엇인지 파악하는 것이 글의 전체 내용을 이해하는 핵심입니다.

(1) 줄거리는 소설이나 영화, 이야기 등의 핵심을 추려서 정리한 것을 말합니다. 〈홍길동전〉의 줄거리는 〈가〉, 〈나〉, 〈다〉문단에 걸쳐 나타나 있습니다. 또한 〈라〉문단의 첫 번째 문장에 "위의 내용은 허균이 쓴 우리나라 최초의 한글 소설인 〈홍길동전〉의 줄거리입니다"라고 나옵니다. 이것을 통해 〈라〉문단 위의 세 단락이 모두 〈홍길동전〉의 줄거리를 담은 단락임을 알 수 있습니다.

(2) 아버지가 재상이었고 홍길동은 서자였다는 등의 주인공의 출생 배경은 〈가〉문단에서 자세히 설명하고 있습니다.

(3) 〈라〉문단에 〈홍길동전〉은 허균이 쓴 소설로 우리나라 최초의 한글 소설이고, 한글로 쓰인 덕에 일반 백성도 〈홍길동전〉을 읽을 수 있었다는 내용이 나옵니다.

② **내용 파악하기** 빈칸을 채우기 위해서는 글 전체에서 필요한 정보를 추려내야 합니다.

> **홍길동전**
> - **지은이**: (허균)
> - **소설의 시대적 배경**: 조선 세종 때
> - **소설의 주인공**: (홍길동)
> - **줄거리**: 양반의 자식이지만 서자로 태어났기에 벼슬을 얻을 수 없었던 주인공은 열심히 책을 읽고 (무술)을 익힌 뒤, 집을 떠나 (활빈당)이라고 이름 지은 무리를 이끌고 의적 활동을 함. 후에 (율도국)이라는 섬나라의 왕이 되어 백성들은 편안한 시대를 누림.

③ **내용 파악하기** 〈홍길동전〉은 우리나라 최초의 한글 소설로, 한글로 적혀 있었기 때문에 일반 백성들도 쉽게 읽을 수 있었습니다. 이 소설은 삶이 힘들었던 백성들에게 새로운 세상을 꿈꾸게 했습니다. 양반들의 모습과 생활상을 자세히 썼다는 내용은 나와 있지 않습니다.

④ **추론하기** 신분제도가 엄격했던 조선 시대에 서자로 태어난 것은 홍길동입니다. 지은이인 허균이 서자라는 내용은 알 수 없습니다. 허균은 사회의 잘못된 점을 비판하고 모든 사람이 행복하게 살 수 있는 세상을 꿈꾸었습니다. 많은 사람과 자신의 꿈을 나누고 싶어서 일반 백성도 읽을 수 있게 〈홍길동전〉을 한글로 썼음을 짐작할 수 있습니다.

67쪽

04 도전! 긴 지문 읽기		
1	1. 델라의 길고 탐스러운 머리카락 2. 짐이 할아버지로부터 물려받은 금시계	
2	해설 참조	3 ④
4	(1) ○ (2) × (3) × (4) ○	5 ②
6	해설 참조	

① **내용 파악하기** 짐과 델라가 자랑스러워한 것은 '델라의 길고 탐스러운 머리카락'과 '짐이 할아버지로부터 물려받은 금시계'입니다.

② **원인과 결과 알기** 델라는 짐에게 줄 시곗줄을 사려고 자신의 긴 머리카락을 자릅니다. 또 짐은 델라에게 줄 머리핀을 사려고 금시계를 팝니다.

(1) 델라 • ╲╱ • 금시계를 팜 ——— 머리핀을 사려고
(2) 짐 • ╱╲ • 긴 머리카락을 자름 ——— 시곗줄을 사려고

③ **추론하기** 글의 내용을 보면 자기에게 머리핀을 사 주려고 할아버지에게서 물려받은 소중한 금시계를 판 짐의 사랑을 느끼고 델라가 몹시 감동해서 울었을 거라고 짐작할 수 있습니다.

④ **내용 파악하기** "델라와 짐은 가난했지만, 행복하게 살고 있는 부부였다"라는 문장에서 델라와 짐이 부부라는 것을 알 수 있습니다. 크리스마스이브에 짐과 델라는 서로에게 줄 크리스마스 선물을 준비했습니다. 글의 앞부분을 보면 짐의 금시계에 어울리지 않는 낡은 가죽 줄을 대신할 시곗줄을 사기 위해 짐에게 말하지 않고 머리카락을 잘라서 판 델라가 자기 모습을 보고 짐이 실망할까 봐 초조해하는 모습이 그려져 있습니다.

⑤ **글감과 주제 알기** 짐과 델라의 모습을 통해 '사랑하는 사람을 위해 자신이 가진 가장 좋은 것을 아낌없이 내주는 사랑'이 얼마나 아름다운지 볼 수 있습니다.

⑥ **요약하기** 인물과 사건의 흐름이 나오는 글은 '누가, 언제, 어디서, 무엇을, 어떻게, 왜'를 기준으로 정보를 정리하면 글을 쉽게 요약할 수 있습니다.

누가	델라와 짐은
언제	(크리스마스이브)에
어디서	집에서
무엇을	서로를 위해 준비한 (선물)을 주고받았다 - 델라는 짐을 위해 (시곗줄)을 샀다 - 짐은 델라를 위해 (머리핀)을 샀다
어떻게	델라: (머리카락)을 잘라서 팔았다 짐: 할아버지에게서 물려받은 (금시계)를 팔았다
왜	상대에게 주고 싶은 것을 사기에는 둘 다 (돈)이 부족했기에

69쪽

나만의 이야기 만들기 예시 답

1. 못된 사람들을 찾아가서 그들이 나쁜 짓을 하려고 할 때마다 방해할 것이다.
2. 백성들을 괴롭히는 관리를 잡아들여서 빼앗을 재물을 다시 백성들에게 돌려주도록 잘 설득할 것이다.
3. 우선 그 사람이 왜 불평하는지 잘 들어 줄 것이다. 그런 다음 작은 것이라도 감사할 만한 게 있는지 생각하고 찾아보도록 격려해 줄 것이다.

2과 바람직한 인성

바른 행동 찾기   71쪽

1. (ㄴ)   2. (ㄱ)   3. (ㄴ)

73쪽

01	1 **배, 구멍**	2 ①, ④
	3 ③	4 ③

① **가리키는 말 알기** 가리키는 말의 대상이 무엇인지 알려면 보통은 가리키는 말의 앞 내용을 확인해야 합니다. 밑줄 친 ㉠ 앞을 보면 배 밑에 작은 구멍이 있는 것을 발견했지만 나중에 수리하기로 마음먹고 배를 창고에 넣었다는 내용이 나옵니다. 따라서 ㉠그 사실이 가리키는 것은 '배에 구멍이 있어서 수리해야 한다는 것'임을 알 수 있습니다.

② **내용 파악하기** 배 주인은 페인트공을 불러 '배에 페인트를 새로 칠하게' 했습니다. 페인트공은 페인트칠을 새로 했을 뿐만 아니라 '배 밑에 있던 작은 구멍도 막아' 주었습니다.

③ **추론하기** 페인트공이 배에 난 구멍을 막아 주지 않았다면 배 주인의 두 아들은 큰 위험에 처할 뻔했습니다. 시키지도 않았는데 배를 고쳐 준 페인트공에게 고마워서 배 주인은 선물을 주었습니다.

④ **글감과 주제 알기** 배 주인이 시킨 것도, 돈을 더 받는 것도 아니었지만, 페인트공은 기꺼이 배의 상태를 좋게 하기 위해 조금 더 수고했습니다. 비록 작은 선행이었지만 결국 귀중한 목숨을 살리는 큰 도움이 되었습니

151

다. 이것으로 보아 이 글에서 중점적으로 말하고자 하는 바는 '작은 도움이라도 다른 사람에게 큰 도움이 될 수 있다'라는 ③입니다.

민의식을 발휘해 아기의 생명을 살린 것입니다.

④ 글감과 주제 알기 구급차가 지나가도록 길을 열어주는 것은 작은 양보이지만 위급한 상황에 처한 사람의 생명을 살릴 수도 있는 큰 도움입니다. 따라서 글쓴이가 이 글을 읽은 독자들에게 기대하는 반응은 "작은 양보로 한 생명을 구할 수 있어."라고 한 ④일 것입니다.

75쪽

02 1 ①   2 ③
3 (1) ✕ (2) ○ (3) ○ (4) ✕   4 ④

① 내용 파악하기 ㉠ 앞에는 위급 상황의 아기가 아빠 차에 태워져 병원으로 향하고 있었다는 내용, 뒤에는 퇴근 시간이라 길이 꽉 막혔다는 내용이 나옵니다. 빨리 가야 되는데 갈 수 없는 반대되는 상황이 나오므로 ㉠에 들어갈 만한 말은 ①의 '그런데' 또는 ②의 '그렇지만'입니다. ㉡ 앞에 나오는 문장은 "그래서 조금 전에 엄마가 기적이라고 말한 거야."가 나오고, 뒤에 "믿기 힘든 일이 일어났거든."이라면서 앞 문장에 대한 이유를 설명하는 말이 나옵니다. 따라서 ㉡에 들어갈 알맞은 말은 ①의 '왜냐하면'입니다.

② 내용 파악하기 글의 마지막에 "사이렌을 울리는 응급차가 지나갈 수 있게 도로 위의 차들이 양쪽 갓길로 쫙 가리는 모습은 성경에 나오는 '모세의 기적' 같기도 합니다"라는 내용이 나옵니다.

③ 내용 파악하기 구급차가 도착하기까지 시간이 걸려서 산후조리원에 있던 신생아는 아기의 아빠 차에 태워져 병원으로 향했습니다. 아기를 실은 구급차는 사이렌을 울렸고, 그 소리를 들은 터널 안의 차들은 갓길로 이동해서 아기는 제때 병원에 도착해 치료를 받을 수 있었습니다. 차를 몰던 운전자들이 위해 길을 열어 주는 시

77쪽

03 1 **층간 소음**   2 ③
3 (1) ○ (2) ✕ (3) ✕ (4) ✕
4 ②

① 내용 파악하기 글의 글감은 '층간 소음'입니다. "나랑 동생이 거실에서 놀 때 쿵쿵거리는 소리가 시끄러워서 조심해 달라는 이야기를 들었습니다"나 "그러던 어느 날 위층에서 쿵쿵 소리가 들렸습니다. '층간 소음이 이렇게 시끄러운 거구나'하는 생각이 들었습니다"와 같은 문장에서, 아파트나 빌라처럼 여러 집이 사는 곳에서 사람들의 활동 때문에 발생하는 시끄러운 소리를 '층간 소음'이라고 한다는 것을 알 수 있습니다.

② 가리키는 말 알기 밑줄 친 ㉠그런 사정이 가리키는 내용은 앞에 나옵니다. '윗집 아저씨가 일하다가 다리를 많이 다쳐 목발을 짚고 움직여야 한다'는 것입니다.

③ 내용 파악하기 글쓴이의 가족은 지난달 새 아파트로 이사를 왔고, 글쓴이와 동생이 뛰노는 소리 때문에 힘들어한 아랫집에서 관리실을 통해 조용히 해달라는 말을 전했습니다. 글쓴이 가족은 윗집 아저씨가 다리를

다쳐서 목발을 짚고 다녀야 한다는 사정을 잘 모르고 있었습니다.

4 주제 알기 충간 소음 문제를 해결하는 방법으로 글의 마지막에 글쓴이는 "이웃끼리 사정을 미리 말해 양해를 구하고, 서로 조심하는 것이 해결의 열쇠가 아닐까요?"라고 말합니다. 따라서 답은 ② '이해와 조심'입니다.

<table>
<tr><td rowspan="3">**04**
도전!
긴 지문
읽기</td><td>1 ④</td><td>2 ③</td></tr>
<tr><td>3 ③</td><td>4 ④</td></tr>
<tr><td>5 **의향, 배려**</td><td>6 ③</td></tr>
</table>

79쪽

1 내용 파악하기 같은 층에 내리는 휠체어를 탄 아저씨를 도우려고, 연준이는 엘리베이터 문이 열리자 힘껏 휠체어를 뒤에서 밀었습니다.

2 내용 파악하기 세계평화의 날 행사에 김연아 선수와 시각장애인 가수 스티비 원더가 참석했습니다. 스티비 원더가 발언하려고 할 때 마이크가 켜지지 않았는데, 그때 김연아 선수는 곧바로 스티비 원더를 도와주지 않고 스티비 원더 측의 허락을 받고 나서 마이크를 켜 주었습니다.

3 원인과 결과 알기 김연아 선수는 상대방이 동의하지 않은 상태에서 무작정 돕는 것이 예의에 어긋난다는 생각에 망설였습니다.

4 내용 파악하기 '보통은 바로 마이크 전원 버튼을 눌렀겠지만 김연아 선수는 그렇게 행동하지 않았다'라고 앞

의 문장과 반대되는 내용이 나오므로 ㉡에 들어갈 알맞은 '하지만'입니다.

5 글감과 주제 알기 연준이의 말 "내가 생각했을 때 상대방에게 좋을 것 같은 일을 하는 게 아니라, 상대방이 무엇을 원하는지 그 의향을 먼저 묻는 배려가 중요하겠네요."에서 상대방이 무엇을 원하고 필요로 하는지 그 사람의 '의향'을 먼저 묻는 '배려'가 필요하다는 것을 알 수 있습니다.

6 적용하기 이 글의 교훈은 상대방의 의향을 먼저 묻는 배려가 중요하다는 것입니다. 그러므로 아파트 엘리베이터에 같이 탄 시각장애인에게 원하는 층수 버튼을 대신 눌러드려도 되겠냐고 먼저 물은 ③의 '아름이'가 교훈과 알맞은 행동을 했다고 볼 수 있습니다.

81쪽

나만의 이야기 만들기 예시 답

1. (가) 친구가 잘하는 것을 인정하고, 장점을 배우는 것이 나에게도 도움이 되기 때문에
2. (나) 우리는 모두 각자 자기만의 생각과 개성이 있는 사람이다. 그러므로 대화를 통해 다름을 인정하고, 상대의 의견을 귀 기울여 듣는 것이 진정으로 서로 소통하고 화합하는 자세이므로

3과 생활과 문화

배경지식 확인하기   83쪽

② (라) ③ (나) ④ (다) ⑤ (가) ⑥ (마)

합리한 점들을 비웃고 재치 있게 비판하기 때문에 보는 사람들은 속이 후련해지고 함께 울고 웃으며 스트레스를 풀 수 있었다'고 나옵니다.

85쪽

01 1 해설 참조   2 ①
        3 ③   4 해설 참조

① 낱말 이해하기 글의 첫째 문장에 '탈춤'의 정의가 나옵니다. 탈춤은 '조선 후기의 민중 예술을 대표하는 문화로 노래와 춤, 연극, 의상 등 여러 면이 어우러져 완성되는 종합 예술'입니다.

② 내용 파악하기 글의 두 번째 문단 마지막 문장에 탈춤 공연에서 다룬 내용이 소개되어 있습니다. 양반에 대한 풍자, 승려에 대한 조롱뿐 아니라 부부 갈등 같은 백성들의 고단한 삶을 묘사하는 탈춤도 추었다는 내용이 나옵니다.

③ 내용 파악하기 원래 탈춤은 궁 안에서 큰 행사가 열렸을 때 흥을 돋우기 위해 광대들이 추던 춤이었으나 조선 시대에 와서 궁에서 탈춤 공연을 하지 않게 되자 광대들은 궁 밖으로 흩어졌습니다. 그들은 전국을 다니며 시장에서 탈춤을 추었다고 합니다. 따라서 '궁에서 탈춤 공연을 계속 지원했다'라는 ③은 알맞지 않은 내용임을 알 수 있습니다.

④ 원인과 결과 알기 탈춤이 조선 후기 대표적인 민중 예술이 될 수 있었던 이유는 글의 마지막에 나옵니다. 탈춤에서는 다양한 인물들이 '각자의 입장에서 세상의 불

87쪽

02 1 ②   2 (1) × (2) × (3) ○ (4) ○
        3 해설 참조   4 ①

① 글감과 주제 알기 "오늘은 이번 달 학급 내 역할 분담을 정하겠습니다."라는 회장의 말과 지난달에 맡았던 학급 내 역할에 관해 서로 이야기 나누는 모습을 통해 학급 회의 주제가 '학급 내 역할 분담 정하기'라는 것을 알 수 있습니다.

② 내용 파악하기 지난달 '시간 알리미'는 민수와 선아였는데, 민수가 가끔 시간을 잘 못 맞춰서 이번 달에 다시 하고 싶다고 말합니다. 주영이는 '시간표 알리미' 역할이었는데 제때 시간표를 제대로 바꾸지 못한 적이 있었다고 말하면서, 주영이도 '시간표 알리미'를 한 번 더 하고 싶어 한다는 내용이 나옵니다. '친구와 가족에게 바른말 쓰기'는 지난주 생활 목표였습니다. 우성이가 학급 내에서 어떤 역할을 맡았는지는 알 수 없습니다.

③ 내용 파악하기 지난달에 이어 이번 달에도 '민수'와 '선아'가 '시간 알리미' 역할을 맡고, '학급문고 정리'는 '정선', '시간표 알리미'는 지난달에 이어 '주영'이가 맡을 것입니다.

시간 알리미	학급문고 정리	시간표 알리미
민수, 선아	정선	주영

④ 추론하기 지난달 학급 내 역할 분담에 관해 이야기하면서 친구들은 '책임지고' 하겠다는 말을 합니다. 회장 또한 마지막에 "앞으로 한 달 동안 자기가 맡은 일에 최선을 다해 주십시오."라고 말하고 있습니다. 이것으로 보아 학급 내 역할을 잘 담당하기 위해서는 내가 맡은 일에 '최선을 다하겠다는 책임감'이 가장 필요하다는 것을 알 수 있습니다.

89쪽

03	1 ②	2 ③
	3 해설 참조	4 ④

④ 내용 파악하기 글에서는 화재를 대비해 집에 반드시 가정용 소화기를 비치하고 있어야 한다고 말합니다. 또한 불이 났을 때 바로 대피할 수 있는 대피 공간의 위치를 미리 알아두어야 하고, 대피 공간 주변에 크고 무거운 물건이나 짐을 쌓아 두면 안 된다고 알려주고 있습니다. '약한 불에 음식을 조리하면 자리를 비워도 괜찮다'는 내용은 글 어디에도 없습니다. 또한 가스를 사용할 때는 가스레인지 불 위에 음식을 올려 둔 채 어디 가지 말고, 조리가 끝나는 즉시 불을 끄고 가스 밸브를 잠가야 한다고 나옵니다.

② 적용하기 가스 밸브 주변에 비눗물을 바르고 밸브를 열었을 때 거품이 나면 가스가 새고 있다는 신호입니다. 이 방법으로 가스가 새는지 주기적으로 점검해 주어야 합니다.

③ 요약하기 글을 잘 요약하려면 중요한 정보와 핵심 낱말을 구분할 줄 알아야 합니다.

집의 (안전)을 지키기 위해서 관심을 기울이고 철저하게 준비해야 할 것이 두 가지 있습니다. 바로 (화재) 대비와 (가스) 점검입니다. 집에 가정용 (소화기) 한 대는 꼭 갖추어 두고 그 사용법도 알아 두어야 합니다. 또한 불이 났을 때 피해 있을 (대피) 공간도 미리 알고 있어야 합니다. 가스레인지를 사용하고 난 뒤에는 가스 (밸브)를 꼭 잠가서 가스가 새지 않게 해야 합니다. 가끔씩 밸브 주위에 (비눗물)을 발라서 가스 새고 있지 않은지 확인해 보세요.

④ 글감과 주제 알기 글쓴이는 작은 관심과 철저한 대비를 통해 집에서 안전한 생활을 할 수 있다고 말합니다. 따라서 답은 그 내용을 담은 ④입니다.

91쪽

04	1 구들장	2 해설 참조
	3 해설 참조	4 ③

① 낱말 이해하기 온돌의 구조에서 방바닥에 깔린 돌을 '구들장'이라고 합니다.

② 내용 파악하기 글의 중요한 정보와 핵심 낱말을 파악하세요.

온돌은 아궁이에서 불을 땠을 때 발생한 (열)이 아궁이와 방 아래로 연결된 통로를 지나 (방바닥) 전체를 (데우는) 장치로, 방바닥에 깔린 돌 온도가 높아지면서 생긴 열이 (공기)로 전달되어 방 안이 (따뜻해)진다.

③ 내용 파악하기 글을 보면 온돌의 장점은 크게 두 가지입니다. 첫 번째는 '고장이 잘 나지 않는다는 것', 두 번

155

째는 '연료비가 적게 든다는 점'입니다. 단점은 '방바닥부터 데워지기 때문에 방 전체 공기가 따뜻해지기까지 시간이 조금 걸리는 것'입니다.

4 내용 파악하기 온돌은 우리나라의 독창적인 난방 방식으로, 몽골이 우리의 영향을 받아서 몽골의 전통 집인 게르 바닥에 온돌을 응용해서 설치했습니다. 온돌은 서양에도 알려져서 요즘은 서양의 여러 나라에서 온돌을 응용한 난방 방식을 설치하기도 합니다. 최근 우리나라에서는 보일러관을 바닥에 설치해서 온수로 바닥을 데우는 방식의 개량한 온돌을 쓰고 있습니다.

93쪽

05 도전! 긴 지문 읽기	**1** 통과의례 **2** 혼례, 제례, 관례, 상례
	3 ④
	4 (1) 〈가〉 (2) 〈다〉 (3) 〈라〉 (4) 〈나〉 (5) 〈마〉
	5 해설 참조

1 낱말 이해하기 사람이 태어나서 죽을 때까지 사는 동안 거치는 탄생, 성년, 결혼, 장례 등을 치르는 의식을 '통과의례'라고 한다는 것이 글의 첫 번째 문장에 나와 있습니다.

2 내용 파악하기 '관혼상제'에 관해 이해했는지 확인하는 문제입니다. 관혼상제란 '관례, 혼례, 상례, 제례'입니다. '관례'는 어른이 되었다는 것을 인정하는 성년식을 말하며, '혼례'란 남자와 여자가 가정을 이루는 의식, '상례'란 죽은 사람을 장례 치르며 슬퍼하는 의식, '제례'란 조상에게 감사하는 마음으로 그들의 넋을 기리는 의식입니다.

3 내용 파악하기 글의 마지막 문단을 보면 '시간이 흐르면서 관혼상제의 형식도 달라지고 있다'는 내용이 나옵니다. 제사상에 올리는 공통적인 음식이 있기는 하지만 지역 특산물을 올리거나 고인이 좋아했던 음식을 올리기도 합니다. 혼례를 다른 의식보다 더 크고 정중하게 행했는지는 글에 나오지 않으므로 알 수 없습니다. 어른이 된 표시로 남자는 상투를 틀고 여자는 비녀를 꽂았습니다.

4 문단 이해하기 '관혼상제'의 정의는 글의 첫째 문단인 〈가〉에 나옵니다. 혼례에 관한 설명은 〈다〉문단에 나오고, 상례에 관한 설명은 〈라〉문단, 관례에 관한 설명은 〈나〉문단, 제례에 관한 설명은 〈마〉문단에 나옵니다.

5 요약하기 글을 요약할 때 중요한 정보와 그렇지 않은 정보를 구분할 수 있어야 합니다.

(관혼상제)란?
- **뜻**: 관례, 혼례, 상례, 제례를 합쳐서 쓰는 말
- **관례**: (성년)이 되었을 때 치르는 의식
  - 남자는 (상투)를 틀고, 여자는 (비녀)를 꽂음
- **혼례**: 남자와 여자가 (가정)을 이루는 의식
  - (폐백)을 함: 신부가 시댁 식구에게 인사를 드리고 (덕담)을 들음
- **상례**: (고인)에 대한 (슬픔)을 표현하는 의식
- **제례**: (제사)를 지내며 (조상)의 넋을 기리고 (감사)를 표현하는 의식
  - (제사상)에 올리는 음식: 기본적으로 정해져 있었지만, 지역의 특산물이나 죽은 사람이 좋아하던 음식을 올리기도 함

나만의 이야기 만들기 예시 답

1. 화재

1. 집에 가정용 소화기를 두어요.

2. 가전제품을 쓰지 않을 때는 콘센트에서 플러그를 빼 놓아요.

3. 멀티탭을 사용하는 경우, 제품을 쓰지 않을 때는 스위치를 꺼서 전기를 차단해요.

2. 장마와 홍수

1. 담장 등 주변 시설물이 안전한지 점검해요.

2. 하수구와 배수구를 점검해요.

3. 주변에 나무를 많이 심어요.

3. 태풍

1. 산사태와 같은 위험을 대비해 대피 장소를 알아두어요.

2. 바람에 날아가기 쉬운 물건들은 미리 집안에 들여놓아요.

3. 유리창에 폭넓은 테이프를 붙여요.

4. 폭설

1. 지붕이나 건물이 안전한지 확인해요.

2. 자동차에 체인을 매요.

3. 도로에 염화칼슘을 뿌려요.

4과 사회와 세계

문제 해결 방법 생각하기   97쪽

1—(ㄴ)—(가)   2—(ㄷ)—(나)   3—(ㄱ)—(다)

99쪽

01

1   기후 변화 때문에 가뭄이 길어져 아프리카에 식량과 식수(가 부족한 상황)

2   ③

3   (1) 〈나〉, 〈다〉, 〈라〉 (2) 〈라〉 (3) 〈다〉

4   해설 참조

① **가리키는 말 알기** 밑줄 친 ㉠이런 상황 앞에 '아프리카에는 기후 변화 때문에 가뭄이 길어져 식량과 식수가 부족하여 큰 어려움을 겪고 있는 사람이 많다'는 내용이 나옵니다. 이 내용을 정리해서 쓰면 됩니다.

② **원인과 결과 알기** 아프리카에 염소를 보내는 이유로 가장 먼저 언급된 것은 염소가 기르기 쉽다는 점입니다. 염소는 소보다 적게 먹고도 살아남을 확률이 높습니다. 둘째, 암염소는 비교적 빨리 새끼를 낳기 때문에 새끼 염소를 팔아서 가족의 생계비와 아이들 교육비를 구할 수 있습니다. 셋째, 염소는 수명이 길기 때문에 염소, 특히 암염소를 키우면 경제적인 혜택을 오랫동안 받을 수 있다고 합니다. 염소는 몸이 작아서 좁은 공간에서 키울 수 있다는 내용은 글에 나오지 않습니다.

③ **문단 이해하기** 각 문단에서 말하는 중심 내용이 무엇인지 알면 글을 제대로 이해할 수 있습니다. 아프리카에 염소를 보내는 이유를 설명한 문단은 〈나〉, 〈다〉, 〈라〉입니다. 〈라〉문단에 염소의 수명에 관한 정보가

나옵니다. 염소젖이 아이들에게 풍부한 영양을 제공해 준다는 내용은 〈다〉문단에 나옵니다.

④ 요약하기 글을 읽을 때 중요하다고 생각되는 정보와 낱말에 표시해 두면 나중에 글을 쉽게 요약할 수 있습니다.

> 어려움을 겪고 있는 아프리카 사람들을 돕기 위해 펼쳐지는 여러 활동 중 아프리카에 (염소) 보내기 활동이 있다. 염소는 소보다 적게 먹기 때문에 먹을 풀이 적어도 살아남을 확률이 (높다). 또 비교적 빨리 새끼를 낳기 때문에 (새끼염소)를 팔아서 한 가족이 생활할 수 있고, 아이들은 (염소젖)을 마시면서 (영양)도 풍부히 제공받을 수 있다. 마지막으로 (수명)이 길기 때문에 오랫동안 경제적인 도움을 받을 수 있다.

101쪽

02	1 ④	2 해설 참조
	3 ①	4 무례, 실례

① 글감과 주제 알기 다양한 나라의 사람들을 만났을 때 지켜야 할 에티켓에 대해 중점적으로 알려주는 글이므로 답은 ④ '다양한 글로벌 에티켓'입니다.

② 원인과 결과 알기 "나라마다 문화가 다르기 때문에 각 나라 사람을 대할 때 어떤 게 예의 바른 행동인지를 알려면 공부를 해야 해."라고 승희의 아빠는 말합니다.

③ 적용하기 처음 만난 외국인에게 몇 살인지, 결혼했는지 묻는 것은 큰 실례이므로 이런 질문은 하지 않는

것이 적절한 에티켓입니다. 인도에서는 흰색이 죽음을 뜻한다고 해서 흰 봉투에 돈이나 물건을 넣어서 주지 않는다고 합니다. 손가락을 동그랗게 하는 동작은 우리나라에서는 '오케이'를 뜻하지만 브라질에서는 아주 심한 욕이 되니 사용해서는 안 됩니다. 러시아에서는 노란색 꽃이나 짝수 송이의 꽃은 죽음을 상징하므로 꽃을 선물할 때 주의해야 합니다.

④ 낱말 이해하기 내용에 따르면 말과 행동이 예의범절에서 벗어나는 것, 또는 그런 짓을 '무례' 혹은 '실례'라고 한다는 것을 알 수 있습니다.

103쪽

03	1 아동 노동	2 ②
	3 ⓒ	4 ③

① 글감 알기 이 글은 지구촌에서 벌어지고 있는 '아동 노동'에 관해 다루고 있습니다.

② 내용 파악하기 지구촌 어린이 돕기 관련 영상을 보며 글쓴이를 포함해 친구들은 학교에도 다니지 못하고 돈을 벌기 위해 일을 하며, 많은 식구와 좁은 집에서 함께 살면서 잠자리에 들기 전까지 집안일을 돕고, 공부할 기회를 가지지 못하는 어린이가 많다는 것을 알게 되었습니다.

③ 낱말 이해하기 글의 내용 중 '놀고 싶을 때 놀고 쉬고 싶을 때 쉴 수 있는 권리'라는 부분에서 '어떤 일을 하거나 누릴 힘이나 자격, 의무'를 뜻하는 말이 ⓒ권리임을 짐작할 수 있습니다.

④ 주제 알기 글쓴이는 세상의 모든 어린이는 교육받을 기회와 놀고 싶을 때 놀고 쉬고 싶을 때 쉴 수 있는 권리를 보장받아야 하며, 안전하게 보호받아야 한다고 말하고 있습니다. '어린이는 공부를 많이 하면 안 된다'라는 내용은 글에 나오지 않습니다.

자든 어른이 함께 어린이를 보호해야 하니까 어른 남녀를 함께 그리자'라고 한 준서의 의견이 지호의 생각과 맞습니다.

⑤ 추론하기 두 이야기에서 주인공인 공주는 예쁘고 착하며 스스로 문제를 해결하기보다 왕자나 난쟁이, 요정 등 남의 도움이 필요한 존재로 그려집니다. 새엄마와 결혼하는 아버지가 항상 나쁜 사람이라는 것은 주어진 글을 통해서는 알 수 없는 내용이기 때문에 알맞은 추론이 아닙니다.

105쪽

04 도전! 긴 지문 읽기	1 ②	2 ①
	3 개성, 능력	
	4 ③	5 ④

① 내용 파악하기 지호는 공주, 어린이 보호 표지판, 자기의 장래희망에 대해 이야기하면서 세상에 퍼져 있는 성 역할에 따른 고정관념과 그것을 버리자고 말하고 있습니다. 따라서 글에 어울리는 제목은 ② '성 역할에 따른 고정관념'입니다.

② 글감과 주제 알기 지호는 '우리도 모르는 새 갖는 성 역할에 따른 고정관념'에 대해 말하고 싶어 합니다.

③ 내용 파악하기 글의 마지막 문단에서 지호는 "멋진 여자 축구 선수로 성공해서, 성별이 아니라 각 사람이 가진 개성과 능력이 중요하다는 것을 알리고 싶어"라고 말합니다.

④ 적용하기 글에서 지호는 성별에 따라 어떤 모습이 어울린다고 생각하는 선입견을 바꿔야 한다고 말합니다. 어린이 보호 표지판을 예로 들면서, 어린이를 보호하는 것이 여자만의 일이 아닌데도 마치 여자의 역할인 것처럼 그렸다고 지적했습니다. 이것으로 보아 '남자든 여

107쪽

나만의 이야기 만들기 예시 답

나라	적절한 에티켓
미국	2. 누가 재채기하면 "Bless you(블레스 유)!"라고 말해 준다.
영국	1. 약속 시각보다 조금 일찍 도착한다. 2. 실내에서 모자를 쓰고 있는 것은 무례한 행동으로 여겨지므로, 실내에 들어가면 모자를 벗는다.
중국	1. '시계를 선물하다'라는 말의 발음이 '장례 치를 시간이 됐다'라는 말의 발음과 비슷하므로 시계 선물을 하지 않는다. 2. 식사할 때 젓가락을 그릇 위에 두지 않는다.
일본	1. 지하철 등 사람이 많은 곳에서 떠들지 않는다. 2. 음식을 차리면서 젓가락을 놓을 때는 가로로 길게 놓는다.

호주	1. 심각한 물 부족 국가이므로 물을 아껴 쓴다.
	2. 코를 훌쩍이거나 삼키지 말고 바로 푼다.
멕시코	1. 음식을 먹을 때 소리 내어 먹지 않는다.
	2. 대체로 사람들 성격이 느긋하므로 일을 시키거나 부탁할 때 재촉하지 않는다.
필리핀	1. '오케이'를 표현하고 싶을 때 엄지손가락을 위로 올린다.
	2. 상대방에게 권유할 때 세 번 이상 권한다.
러시아	1. 음식을 먹을 때 소리 내지 않는다.
	2. 뜨거운 것을 먹을 때 후후 불지 않고 조금 식기를 기다렸다가 먹는다.

5과 차이를 만든 인물

배경지식 확인하기　　　　　　　　　109쪽

1. 박두성　2. 이태석　3. 월트 디즈니

111쪽

01	1 ②	2 **나무를 한 그루씩 심자**
	3 **지구온난화, 이산화탄소**	
	4 (1) ○ (2) ○ (3) ✕ (4) ✕	

1 내용 파악하기　'지구온난화'로 지구의 온도가 높아지면서 북극의 빙하와 얼음이 녹아 얼음 위에 사는 북극곰의 생활 터전이 줄어들어 많은 북극곰이 큰 어려움을 겪는 모습을 보았다고 주인공은 말합니다.

2 가리키는 말 알기　주인공 펠릭스는 학교에 가서 친구들에게 북극곰이 처한 상황에 관해 알려주고 나무를 한 그루씩 심자고 했습니다. 따라서 밑줄 친 ㉠내 제안은

'북극곰을 살리기 위해 나무를 한 그루씩 심자고 한 것'입니다.

3 원인과 결과 알기　글의 세 번째 문단에서 질문의 답을 찾을 수 있습니다. 펠릭스는 '지구온난화'를 일으키는 주범인 '이산화탄소'를 어떻게 하면 줄일 수 있을까 고민하던 중, 나무가 이산화탄소를 들이마시고 대신 산소를 내뿜는다고 수업시간에 들은 게 기억나서 나무를 심어야겠다고 생각했습니다.

4 내용 파악하기　북극곰을 사랑하는 펠릭스는 지구온난화로 인해 큰 유빙이 사라져서 물에 빠져 죽는 북극곰이 많다는 다큐멘터리를 보고서는 북극곰을 살리기 위해 나무 심기 운동을 계획했습니다. 펠릭스의 제안을 들은 많은 친구는 그 계획에 동참해서 함께 나무를 심었고, 펠릭스와 친구들로부터 시작된 나무 심기 운동은 전 세계로 퍼져나가 현재까지 150억 그루의 나무가 심겼습니다.

113쪽

| 02 | 1 **해설 참조** | 2 ④ |
| | 3 **점자** | 4 ① |

1 내용 파악하기　글의 첫 번째 문단에 점자를 '브라유'라고 부르는 이유가 나옵니다. 프랑스의 시각장애인 루이 브라유(1809~1852)가 알파벳 점자를 처음 만들었기 때문에 그 이름에서 가져온 것입니다.

2 낱말 이해하기　1번 문제를 제대로 풀었다면 '유래하다'가 '(~에서부터) 어떤 일이나 사물이 생겨나다'라는

뜻임을 짐작할 수 있습니다.

③ **내용 파악하기** 글의 첫 번째 문단 마지막에 "점자는 시각장애인들이 세계와 소통할 수 있는 최고의 발명이 되었다"라고 나옵니다. 따라서 질문의 답은 '점자'입니다.

④ **내용 파악하기** 박두성 선생님은 일본에서 점자 인쇄기를 들여와 우리나라 최초의 점자 교과서를 만들었습니다. 하지만 우리나라 시각장애인들이 일본어로 된 점자 교과서를 읽어야 한다는 사실을 안타까워했던 박두성 선생님은 최초의 한글 점자인 훈맹정음을 연구하여 개발했습니다. 시각장애인을 위한 점자도서관은 박두성 선생님이 직접 세운 것이 아니라 선생님의 뜻을 이어가는 사람들이 세운 것이고, 루이 브라유는 세계 최초로 점자를 만든 사람으로 글의 시작 부분에 소개된 것일 뿐, 박두성 선생님과 직접적인 관계는 없습니다.

② **내용 파악하기** 새로운 기술과 연출 기법에 관심이 많았던 월트 디즈니는 이것들을 받아들여서 '사람 목소리가 나오는 유성 영화'와 '다양한 색깔을 입힌 영화'를 제작했습니다.

③ **내용 파악하기** 어린 시절부터 그림 그리기를 좋아했던 월트 디즈니의 원래 꿈은 만화가였습니다. 그는 미키마우스와 같은 인기 캐릭터를 개발했고, 만화적 상상력을 구현하는 기술과 기법을 도입해 다양한 만화영화를 만들었습니다. 또한 아이들을 위해 동화 속 상상의 세계를 보여 주는 디즈니랜드도 열었습니다.

④ **글감과 주제 알기** 이 글은 월트 디즈니의 천재성이나 월트 디즈니가 만든 캐릭터에 관해서도 말하고 있지만, 가장 중요하게 다루는 주제는 좋아하는 일을 포기하지 않고 계속 새로운 것을 만들고자 노력했던 '월트 디즈니의 열정'입니다.

115쪽

03

1	③	
2	1. 사람 목소리가 나오는 유성 영화 2. 다양한 색깔을 입힌 영화	
3	③	4 ②

117쪽

04
도전!
긴 지문
읽기

1	②	2	②	3	③
4	사랑, 희망	5	(1) × (2) ○ (3) ○ (4) ×		
6	해설 참조				

---

① **낱말 이해하기** 글의 내용상, 글에 나온 낱말 중 '개발하다'와 바꿔 썼을 때 가장 잘 맞는 것은 '만들어냈다'입니다. '개발하다'는 '연구하여 새로운 것을 만들어내다'라는 뜻의 낱말입니다. ㉠개발했고 대신에 선택지 ①~④의 단어를 한번씩 넣어서 읽어 보고, 뜻이 가장 잘 통하는 단어를 선택하면 더 쉽게 찾을 수 있습니다.

① **내용 파악하기** 오랜 전쟁으로 남수단 톤즈의 마을은 폐허가 되어 있었고, 깨끗한 물이 없어서 어린아이들은 흙탕물을 마셨고, 사람들은 벌거숭이로 돌아다니고 있었습니다. 병원이 없어서 말라리아와 콜레라에 걸려 목숨을 잃는 사람도 많았습니다. 톤즈 사람들에게 희망을 주기 위해 이태석 신부님은 학교를 세우는데, 배우기 위해 먼 거리도 마다하지 않고 찾아오는 톤즈 아이들의

모습을 통해 '모든 어린이들은 학교에 다니고 있었다'라는 ③은 잘못된 설명임을 알 수 있습니다.

② 내용 파악하기 글의 세 번째 문단에서 질문의 답을 찾을 수 있습니다. 이태석 신부님이 톤즈 주민들을 위해 가장 먼저 한 일은 '병원을 세운 것'입니다.

③ 내용 파악하기 이태석 신부님은 남수단 톤즈에서 활동했고 그곳 주민들을 위해 병원과 학교를 짓는 등 큰 업적을 남겼습니다. 자신의 건강은 돌볼 겨를도 없이 봉사하다가 암에 걸려 고국인 한국으로 돌아와 생을 마감했습니다. 글에서 이태석 신부님이 다닌 학교나 공부한 분야 등에 관한 내용은 드러나 있지 않습니다.

④ 글감과 주제 알기 글의 마지막에 이태석 신부님이 남긴 사랑과 희망은 톤즈 아이들의 마음속에서 지금도 계속 자라고 있다고 나옵니다. 글에서 말하는 주제는 '이태석 신부님이 남긴 '사랑'과 '희망'입니다.

⑤ 내용 파악하기 이태석 신부님은 처음부터 남수단 사람들을 도우러 톤즈에 간 것이 아니라, 우연한 기회에 갔다가 그들을 도우려는 마음을 먹게 되었습니다. 남수단은 오랜 전쟁 때문에 폐허가 되었던 상태였고 사람들의 삶은 황폐했습니다. 이태석 신부님이 세운 학교는 환경이 열악했지만, 톤즈 아이들은 먼 거리도 마다하지 않고 배우기 위해 찾아왔습니다. 이태석 신부님이 톤즈 사람들을 위해 헌신하다가 암에 걸려 고국으로 돌아왔고, 결국 톤즈로 돌아가지 못하고 고국에서 생을 마감했습니다.

⑥ 요약하기 이태석 신부님이 어디에서 봉사했고 무슨 일을 했는지, 그의 봉사가 어떤 열매를 맺었는지에 집중해서 글을 요약해 봅시다.

이태석 신부님은 전쟁으로 폐허가 된 남수단의 (톤즈)로 가서 이들을 돕고 이들의 친구가 되어 주어야겠다고 결심합니다. 이태석 신부님이 그곳에서 처음 한 일은 (병원)을 짓는 것이었습니다. 그런 다음, 아이들이 마음을 열고 배우며 내일에 대해 (희망)을 가질 수 있게 (학교)를 세웠습니다. 이태석 신부님은 세상을 떠났지만, 신부님이 남긴 (사랑)과 희망은 여전히 그곳 아이들의 마음에서 자라고 있습니다.

119쪽

나만의 이야기 만들기 예시 답

캐릭터 이름	층층이
생김새	
고향 / 사는 곳	다락방
성격	장난기가 많고 잘 웃음. 친구들을 잘 도와줌.
특징 / 능력	1. 팔다리가 튼튼해서 무거운 사람이나 코끼리와 같은 동물도 거뜬하게 들 수 있음. 2. 서로 협력해서 높은 곳에 있는 물건을 내릴 수 있음. 3. 도움닫기 없이도 아주 멀리까지 한 번에 뛸 수 있음.

6과 | 과학과 환경

배경지식 확인하기   121쪽

〈가로〉 ❷ 지구 ❸ 화산 ❻ 고리 ❼ 목성

〈세로〉 ① 습지 ④ 산소 ⑤ 돌고래 ⑧ 화성

123쪽

01

1 한살이   **2** 해설 참조

3 (1) 떡잎 (2) 본잎 (3) 겹잎 (4) 꽃
    (5) 꼬투리

1 낱말 이해하기 글의 마지막 문장에 질문의 답이 있습니다. 씨에서 싹이 트고 자라서 꽃을 피운 후 열매 맺는 과정을 식물의 '한살이'라고 합니다.

3 원인과 결과 알기 네 번째 칸의 설명을 보면 "햇빛이 부족하면 잎과 줄기의 색이 연해집니다. 잎의 크기도 작고 줄기도 가늘어지죠. 물을 잘 주지 않으면 잎이 누렇게 변하고 심하면 말라 죽기도 합니다"라고 나옵니다.

	현상	햇빛 부족	물 부족
(1)	줄기가 가늘어진다.	○	
(2)	잎이 누렇게 변한다.		○
(3)	줄기와 잎 색이 연해진다.	○	
(4)	잎 크기가 작아진다.	○	

3 요약하기 강낭콩을 흙에 심으면 싹이 트고 며칠 후 '떡잎'이 나옵니다. 그다음에 '본잎'이 나오고 그 후에 '겹잎'이 나옵니다. 그다음에 '꽃'이 피고, 꽃이 시들면 '꼬투리'가 생깁니다.

125쪽

02

1 강이나 바다, 늪, 연못으로 둘러싸인 습기가 많은 축축한 땅

2 ④   **3** ③   **4** 해설 참조

1 낱말 이해하기 습지에 관한 설명은 글의 세 번째 문단에 있습니다. 습지는 '강이나 바다, 늪, 연못으로 둘러싸인 습기가 많은 축축한 땅'을 말합니다.

2 내용 파악하기 우리나라의 순천만과 같은 습지에는 다양한 갯벌 생물 및 여러 조류가 살고 오염물질을 깨끗하게 정화하는 기능이 있습니다. 순천만은 S자형 수로를 가진 연안 습지로, 면적만 약 800만 평인 어마어마한 크기의 습지입니다.

3 내용 파악하기 주어진 문장 "그러나 이렇게 중요한 습지가 매립, 오염 등으로 계속 훼손되고 있습니다"의 첫 시작이 '그러나'이므로 주어진 문장과 '반대되는' 내용이 앞에 나온다는 것을 알 수 있습니다. 주어진 문장에 따르면 그 앞에는 습지가 왜 중요한지, 즉 습지의 기능 또는 역할에 관한 이야기가 나와야 합니다. 각 문단을 살펴보면 첫 번째 문단에서는 순천만을 소개하고, 두 번째 문단에서는 순천만에 서식하는 다양한 생물에 대해 설명하고 있습니다. 세 번째 문단에서는 습지의 정의와 기능에 관해 알려주고, 마지막 문단은 습지의 훼손을 막고 습지를 보호하기 위한 '람사르 협약'에 관해 설명하고 있습니다. 그러므로 주어진 문장은 세 번째와 네 번째 문단 사이인 ⓒ 자리에 들어가는 것이 알맞습니다.

④ 내용 파악하기 람사르 협약에 관한 자세한 정보는 글의 마지막 문단에 나옵니다.

> **람사르 협약**(1971년 160여 개국이 이란 람사르 지역에서 맺은 협약)
>
> - **정식 명칭**: (물새) 서식처로서 국제적으로 중요한 (습지)에 관한 협약
> - **목적**: 습지의 (훼손)을 막고 습지를 (보호)하기 위해
> - **등록된 한국의 습지**: 강원도 용늪, 창녕 우포늪, (순천만) 등 19개

127쪽

03	1 ④ 2 ② 3 ③
	4 **한라산 천연 보호 구역, 거문오름 용암 동굴계, 성산일출봉 응회구**

① 내용 파악하기 아라는 혜지에게 이메일로 제주도의 지형적 특징과 유명한 습지인 1100고지 습지를 소개하고 있습니다. 제주도의 몇 지역은 유네스코 세계자연유산에 등재되었지만, 이 글은 유네스코 세계자연유산을 설명하는 것은 아닙니다.

② 내용 파악하기 오름은 화산 폭발로 지형에 생긴 틈을 따라 용암이 흘러나오면서 만들어진 작은 기생 화산입니다. 오름이 형성될 때 많은 봉우리와 동굴이 만들어졌는데, 거문오름이 생길 때 20여 개의 동굴이 만들어졌다고 합니다. 한국에 있는 360여 개의 오름은 모두 제주도에 있습니다.

③ 내용 파악하기 제주도의 1100고지 습지는 한라산 고원지대에 만들어진 산지 습지로, 멸종위기의 동식물과 희귀한 고유 동식물이 서식하고 있습니다. 보전할 가치가 높다고 인정받아서 이곳은 2009년 10월 1일에 습지 보호지역으로 선정되었고, 같은 해 10월에 람사르 습지로도 등록되었습니다.

④ 내용 파악하기 제주도의 자연 가치가 세계적으로 인정받아서 2007년에 대한민국 최초로 '한라산 천연 보호 구역, 거문오름 용암 동굴계, 성산일출봉 응회구' 세 곳이 '제주 화산섬과 용암 동굴'로 유네스코 세계자연유산에 등재되었습니다.

129쪽

04	1 ③ 2 **아가미, 코**
	3 (1) 〈다〉 (2) 〈라〉 (3) 〈가〉 (4) 〈나〉
	4 **해설 참조**

① 내용 파악하기 〈가〉문단의 첫째 문장을 보면 돌고래는 굉장히 '사람 친화적인 동물'이라고 하며, 〈나〉문단의 첫째 문장에서는 돌고래가 '인간을 제외하고 세상에서 가장 똑똑한 동물'이라고 합니다. 따라서 잘못된 선택지는 ③입니다.

② 원인과 결과 알기 〈라〉문단을 보면 돌고래는 '아가미'가 없고 등에 '코'가 있어서, 숨을 쉬기 위해서는 물 밖으로 나와야 한다고 설명하고 있습니다.

③ 문단 이해하기 글의 각 문단에서 설명하는 중심 내용이 무엇인지를 제대로 파악하고 있는지 확인하는 문제

입니다. 돌고래의 식성 및 사냥법은 〈다〉문단에서 설명합니다. 돌고래의 호흡법은 〈라〉, 글감이 돌고래라는 것을 처음 알 수 있는 문단은 돌고래에 관해 처음 소개하는 첫 번째 문단 〈가〉이며, 돌고래의 지능과 영리함에 관해 다루는 문단은 〈나〉입니다.

④ 요약하기 문단의 중심 내용을 파악한 다음 중요한 정보를 담고 있는 핵심 낱말들을 골라 요약표의 빈칸을 채워 봅시다.

글감 소개	사람 (친화)적인 동물인 돌고래
돌고래의 영리함	아이큐가 80으로 추정됨 – 동료와 (협력)하여 문제를 해결함 – (언어)를 사용: 사용하는 (단어)가 풍부함, 사투리가 있음
돌고래의 식성 및 사냥법	• 주식: (떼)를 지어 다니는 (작은) 물고기 • 사냥법: 동료 돌고래들과 (물방울) 그물을 발사, 그 안에 갇혀 방향을 잃은 먹잇감을 한곳으로 몲
돌고래의 호흡	등에 (코)가 있어서 물 밖으로 나와 호흡함

131쪽

05 1 해설 참조 2 ② 3 ③
4 (1) 검은색 (2) 빨간색 (3) 흰색 혹은 회색

① 문단 이해하기 글의 첫 번째 문단인 〈가〉의 마지막 문장은 이 문단의 중심 문장이면서 글 전체에서 말하고자 하는 핵심 내용이 담긴 문장입니다. 〈나〉~〈라〉문단에서는 첫째 문장이 각 단락에서 설명하는 핵심 내용을 소개하는 중심 문장입니다.

• 〈가〉문단: 똥의 상태로 현재 내 건강이 어떤지 짐작해 볼 수 있습니다.
• 〈나〉문단: 가장 먼저, 똥의 색깔을 살펴보세요.
• 〈다〉문단: 똥의 형태 또한 건강 상태를 나타냅니다.
• 〈라〉문단: 똥의 냄새도 건강 상태를 알려 줍니다.

② 내용 파악하기 똥의 '색깔', '형태', '냄새'가 건강 상태를 알려줍니다. 똥의 양에 대해서는 나오지 않습니다.

③ 내용 파악하기 〈나〉문단에 따르면 노란색, 황토색, 갈색 똥은 건강한 똥입니다. 채소를 많이 먹으면 초록색 똥도 눌 수 있습니다. 하지만 똥의 색깔이 빨간색이거나 검은색, 흰색 또는 회색이면 몸에 문제가 있다는 신호입니다.

④ 내용 파악하기 똥이 '검은색'에 가까우면 식도나 위, 십이지장에 출혈이 있을 수도 있습니다. '흰색 또는 회색'이라면 간에 이상이 있다는 표시일 수 있습니다. 대장이나 직장에서 피가 나고 있으면 '빨간색' 똥을 누게 됩니다.

133쪽

06 1 ② 2 ④
3 되새김질, 소화, 트림, 방귀 4 ③

① 글감과 주제 알기 이 글에서는 '소가 발생시키는 메탄가스'를 중점적으로 다루고 있습니다. 글에 이산화탄소와 메탄가스를 비교하는 내용과 메탄가스 배출을 억제하기 위해 개발되고 있는 방법, 메탄가스가 일으키는 온실효과에 관한 언급도 나오기는 하지만, 나머지 것들

은 '소가 발생시키는 메탄가스'라는 큰 범주 아래에 들어가는 내용입니다.

2 내용 파악하기 선택지 ①은 글의 첫 번째 문단에, ②~③까지의 내용은 글의 두 번째 문단에 설명되어 있습니다. 그런데 마지막 문단을 보면 "안타깝게도 세계 인구가 증가함에 따라 고기 소비량이 더 늘고 있기 때문에 소를 사육하는 농가는 더 많아질 것이고, 그로 인해 메탄가스의 양은 더 늘어날 것으로 예상됩니다"라고 나오므로 ④가 잘못된 내용입니다.

3 내용 파악하기 소가 먹은 음식을 '되새김질'하며 '소화'하는 과정에서 메탄가스가 만들어지는데, 보통 '트림'과 '방귀'로 엄청난 양의 메탄가스가 배출된다고 합니다.

4 원인과 결과 알기 글의 마지막 문단에서 답을 찾을 수 있습니다. 지금 세계 각지에서는 소의 방귀와 트림 발생을 억제하는 사료를 개발하는 연구가 진행되고 있습니다.

135쪽

1 낱말 이해하기 글의 첫 번째 문단인 〈가〉의 첫 문장에 답이 나옵니다. 태양과 태양 주위를 도는 여덟 개의 행성을 묶어서 '태양계'라고 부릅니다.

2 내용 파악하기 글의 첫 번째 문단인 〈가〉에 각 행성의 이름이 태양에서 가까운 순서대로 정리되어 있습니다. 바로 '수성, 금성, 지구, 화성, 목성, 토성, 천왕성, 해왕성'입니다.

3 원인과 결과 알기 지구에 관한 정보가 나오는 〈다〉문단을 보면, 지구는 '태양'을 기준으로 세 번째 위치여서 식물이 자라기에 적당한 '빛'과 '열'을 받는다고 나옵니다. 태양과 너무 가까우면 뜨거워서 다 타 버리고, 너무 멀면 추워서 꽁꽁 얼어버립니다.

4 내용 파악하기 〈나〉와 〈다〉문단의 정보를 확인하면 주어진 설명이 각각 어느 행성에 해당하는 것인지 알 수 있습니다.

설명	행성
• 태양계의 행성 중에서 가장 크다.	(목성)
• 아름다운 고리가 몸을 두르고 있다.	(토성)
• 대기 중에 산소가 충분하다.	(지구)
• 63개의 위성을 가지고 있다.	(목성)
• 위성의 숫자는 60개이다.	(토성)
• 표면 온도가 영하 200도이다.	(해왕성)
• 다양한 생명체가 살고 있다.	(지구)
• 지름이 약 5만km이고, 13개의 위성이 있다.	(해왕성)

5 문단 이해하기 〈가〉문단에 태양계의 뜻이 나옵니다. 〈다〉문단은 지구의 특징에 관해 설명하고 있습니다. 목성, 토성, 해왕성에 관한 정보가 나오는 것은 〈나〉문단입니다.

나만의 이야기 만들기 예시 답

행성 이름	화성
크기	반지름이 약 3,400km로 지구의 절반 정도
특징	붉은색을 띠는 행성. 지구처럼 계절의 변화가 뚜렷함. 표면 온도가 −140에서 −20도로, 평균 온도는 −80도.
태양과의 거리	227,940,000km
궁금한 점	화성에 생명체가 살고 있을까?
행성의 모습